아동의 ADHD,
경계선 지능, 상실과 애도

아동양육시설 실무자를 위한 양육가이드북 3

아동의 ADHD, 경계선 지능, 상실과 애도

정은진, 최은정, 서유지, 김경미, 박지영 공저

추천의 글

제대로 정리된 매뉴얼이나 지속적인 양질의 교육이 없는 양육 현장에서 고군분투하는 당사자들 그리고 돌봄의 대상자인 우리 아이들을 위한 가장 진실하고 다정한 가이드북 그 세 번째 결실이 세상에 나오게 되었습니다.

2021년. 간절한 마음은 앞섰지만 범위와 갈피를 잡지 못해 다소 헤매였던 봄날을 지나 뜨거운 여름의 열기아래 집중하며 가을하늘의 청명함 아래 실체를 드러낸 첫 번째 양육가이드북 <초등학생의 꾸물거림에 대하여>를 마주하며 얼마나 감사하고 감격했던지요. 월드비전의 지원으로 출판이 이루어지고 전국 아동양육시설 현장 곳곳에 책이 배포된 후 빠르게 피드백이 오기 시작했을 때 '아..! 양육의 지혜 연구팀이 꼭 필요한 때에 꼭 필요한 역할을 결국은 해내었구나...'하는 뿌듯함이 있었습니다.

현장의 갈급함과 간절함을 체감한 양육의 지혜 연구팀은 주저함과 쉼 없이 2022년 초부터 또 한 번의 '무모한' 도전을 시작하였습니다. 한국아동복지협회의 지원과 협력을 받아 같은 해 가을 현장에 대한 사랑과 진심을 담은 두 번째 양육가이드북 <말하기와 보상>을 출판하고 다양한 요청과 필요에 부응하며 교육과 수퍼비전을 통해 담대하게 그 역할을 해내었습니다.

2023년 한 해는 기질적으로, 정서적으로 유난히 연약하고 힘들며

더딘 아이들을 위한 고민을 많이 하였고 그러한 우리 아이들을 이해하고 품어줄 수 있는 양육자들을 위해 세 번째 양육가이드북 <아동의 ADHD, 경계선 지능, 상실과 애도>가 나왔습니다.

솔직히 이번 책자의 쓰임과 그 영향력이 얼마나 될지 가늠할 수는 없지만 감히 이렇게 말씀드릴 수는 있습니다. 이번 양육가이드북을 통해 우리가 '믿고 기대하고 기다려줘야' 하는 존재들은 한없이 연약하고 세밀하며 복잡미묘하지만, 동시에 얼마나 강인하고 대견하며 사랑스러운가를 분명하게 느끼고 알 수 있을 것입니다.

마지막으로 어벤져스 양육의 지혜 연구팀 모두에게 깊은 존경과 감사를 보냅니다.

신망원 **박명희 원장**

추천의 글

아동양육시설 원장으로, 생활지도원으로 근무한다는 것은 참 녹록지 않은 일입니다. 상처 많은 아이의 가족이 되고 그 아이들을 잘 키워야 한다는 사명이 있으니까요. 그러나 현실은 기대하고, 상처받고, 깨지고, 부딪치고의 연속입니다. 아이들과 줄다리기를 하고 감정 소모와 소진, 퇴사로 이어지는 상황을 보며, 좀 더 아이들을 이해하고 대하는 방법을 알면 덜 소진되고 아이들도 더 이해하지 않을까 생각이 되었습니다. 그래서 늘 생활지도원의 전문성, 교육을 매우 중요하게 생각했습니다. 좋은 교육이 있다면 무조건 강사님을 초빙하여 직원교육을 했었지요.

그러다 접하게 된 '초등학생의 꾸물거림' 책은 신선한 충격이었습니다. 바로 연락드려 모든 직원 수만큼의 책자를 구매하여 선생님들께 나눠주고 공부하라 했습니다. 강사님을 모시고 교육을 받았는데 선생님들의 반응은 무척 고무적이었습니다. 선생님들의 힘듦을 알아봐 주고 아이들의 마음도 들여다볼 수 있었던 시간이었고, 짧은 시간 안에 모든 방법을 다 정확히 숙지할 수 없었지만 '우리에게 가장 필요한 것을 마음으로 작성했구나', '어머, 맞아. 맞아', '이렇게 해야 하는구나' 등의 반응이 나왔던 시간이었습니다. 두 번째 책 '말하기와 보상'도 마찬가지로 50여 권을 구매하여 선생님들께 모두 공부하라 주고 교육을 받았습니다.

드디어 3번째 책 <아동의 ADHD, 경계선 지능, 상실과 애도>, 더 깊은 주제들로 우리가 어려워하지만, 더 필요한 내용의 책이 이번에 나옵니다. 여러 주제 가운데 상실과 애도를 주의 깊게 읽었습니다. 상실은 우리 인생의 피할 수 없는 경험이지만 많이 간과하고 살아가는 주제입니다. 상실의 시간을 건강하게 애도할 방법을 아이들에게 알려주고 싶습니다.

우리나라 실정에 맞는 아동양육시설실무자를 위한 양육가이드북이 있다는 것이 매우 자랑스럽습니다. 이 과정은 전국의 모든 아동양육시설의 생활지도원 교육과정의 선택이 아닌 필수가 되어야 한다고 생각합니다. 이 책으로 아이들의 삶이 조금 더 안전해지고 이해받고 공감받기를 기대합니다. 우리의 힘듦을 공감하고 마음으로 위로하고 행동으로 옮겨 이렇게 책으로 나오게 해주신 양육의 지혜 연구팀에게 진심으로 감사를 전합니다.

은평천사원 **조성아 원장**

추천의 글

'알면서 저러는 거예요.'
'저한테만 저래요, 제가 만만해서요.'

아이들과 전쟁 같은 시간을 보낸 뒤 만나는 우리 선생님들의 말입니다. 아이들을 매일 양육하는 가운데 여러 어려움이 있지만, 아동양육시설 실무자를 위한 양육가이드북을 보면서 기질에 대한 이해, 꾸물거림 지도, 말하기 등 많은 도움을 받았습니다.

양육가이드북을 보고 나서는 아이의 행동은 타고난 기질일 뿐이며, 그것에 멋진 성격이란 옷을 입혀주는 것이 우리의 역할이라고 설명할 수 있게 되었습니다. 아이들마다 어떻게 대화를 해야하는지도 많은 도움을 받았습니다. 앞서 발간된 '아동양육시설 실무자를 위한 양육가이드북' 덕에 할 수 있게 된 것입니다.

양육가이드북을 통해 모두가 타고난다는 '기질'과 우리의 역할인 '양육'이 더욱 궁금해졌고, 조금 더 공부할 동기도 얻게 되었습니다. 또한, 우리 실무자들이 '봉사자'가 아닌 '양육전문가'로서 스스로를 인지하고, 나아가 아이들을 이해하고 온전히 사랑할 수 있도록 이끌어 주심에 감사합니다.

성모자애드림힐 양육지원팀 **김윤현 팀장**

몸보다 마음이 아픈 아이들

안녕하세요.
12년 차 사회복지사인 '맑아'라고 해요.
'양육의 지혜' 팀과 함께 일해요.

일선에 있는 아동양육시설 선생님에게서
질문을 받았습니다.

선생님, 제가 돌보는 7명의 아동 중의 한 명은 ADHD,
한 명은 경계선 아동이고 한 명은 장애가 있어요.
트라우마가 있는 아이도 있고요.
7명 중에서 4명이 그래요. 저는 어떻게 해야 하죠?

어려운 질문입니다. 난감한 상황이지만,
최대한 성의껏 답해 보겠습니다.

개인으로 누군가를 돕는 일과

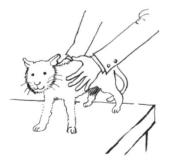

더 큰 규모에서 약자들을 돌보는 일은
엄연히 다릅니다.

예를 들어보겠습니다.

개인으로서 장애를 가진 아이를 돕는 일,

폐지 줍는 할머니를 돕는 일,

길을 묻는 아이를 돕는 일은
어렵지 않은 일입니다.

거동이 불편한 노인을 돕는 일은
그렇게 복잡하지 않습니다.

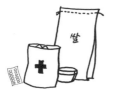

하지만 기본적인 필요를 채우는 정도를 넘어
보다 근본적인 도움을 주려면 어떻게 될까요?

그때는 개인을 돕는
정도와는 많이 다르게 되고,
사회의 제도와 정책이
관여하게 됩니다.

하지만 내가 속한 사회가 약자를 향한
차별과 편견이 많은 곳이라면 어떨까요?

혹은 제도와 행정이 갖춰져 있지 않아
앞으로 나아가기 곤란하고 어렵다면요?

아동의 ADHD, 경계선 지능, 상실과 애도

그런 상황에서 도우려는 사람은
이중, 삼중으로 분투해야 합니다.

아이를 돕는 일도 해야 하며
동시에 편견과 인습, 무지와도 싸워야 합니다.

약자를 돕겠다고 나선 사람들이
좌절하는 곳이 바로 이 지점입니다.

지난 수십 년 동안 한국 사회는
경쟁과 차별을 당연한 것으로 여겼으며

생산과 발전에 최우선을 두었고,
그러다 보니 효율성을 극대화하는 습관이
사회 전반에 스며들었습니다.

때문에, 약하고 경쟁에 뒤처지는 사람들에게는
무관심하거나 그들을 무시하는 풍조가
자연스럽게 자리 잡았습니다.

타인의 아동을 돌보는 일 따위는
그런 일반적인 풍조를 거스르는 일이기에
가외의 수고가 많이 필요합니다.

안 그래도 이 아이들에게 관심이 덜한데
그중에 '특별한 수고'가 필요한 아이들이 섞여 있다면
더 말할 나위도 없습니다.

즉, 아이를 돌보는 선생님만큼의 돌봄 의지와 관심을
외부사회는 가지고 있지 않기 때문에 갈등은 생깁니다.
반면에 자원과 권한 대부분은 외부사회가 가지고 있죠.

외부사회는 크고 강한 것, 어마어마하게 큰 대상에만
관심이 있을 뿐 잔챙이는 늘 무시합니다.

그렇다면 어떻게 할까요?

해안가를 산책하던 사람이 저 멀리 바닷가에서
무언가 던져넣는 사람을 발견했답니다.

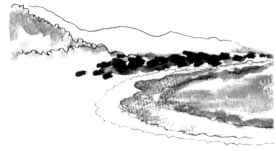

가까이 가보니, 수천 마리는 됨직한
불가사리들이 밀물에 떠밀려 왔다가
바다로 돌아가지 못해 그대로 해안에
쌓인 게 보였습니다.

한 노인이 열심히, 열심히 불가사리를 집어다가
바다에 던져 넣어주고 있었습니다.

누군가가 이렇게 물었습니다.

그런다고 무슨 소용이 있습니까?
수천 마리 불가사리가 여전히 바다로 못 돌아가고 있는데요.

한참을 같은 일을 반복하던 노인이 잠시 돌아보며 말했답니다.

내가 방금 던져 넣은 이들에겐 분명히 소용이 있을 겁니다.

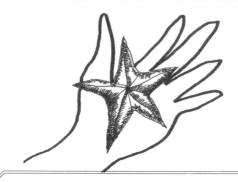

이들에게는
분명 소용이 있을 겁니다.

산업화와 근대화를 겪으면서 우리는
숫자로 모든 것을 환원하기 시작했습니다.
또 통신과 과학 기술의 발달로
전 지구가 연결되었습니다.

하지만 '크고 멋지고 비싼' 것이 중심가치가 되면서
그 이면에 중요한 가치들이 외면당하게 됩니다.

작고, 볼품없고, 천천히 이루어지는 일에 대해서는
상대적으로 하찮게 여기게 되었습니다.

약자들의 경우가 그렇죠. 그들의 소리는 작고,
느리며, 대체로 볼품없습니다. 그러다가 갑자기
큰 소리가 나는 경우가 있죠. 사건과 사고가 났을 때입니다.

폭우가 쏟아지고 재난이 일어나면 갑자기 '크고' '비싸고'를 자랑하던
사회가 작은 이의 생명도 중요하다는 걸 깨닫습니다. 사회를 지배하던
공기가 바뀝니다. 깨닫지 못했던 것에 대해 후회하고 한탄합니다.

재난과 사고는 아픈 일이지만,
우리가 추구하던 가치의 우선순위가
잘못되었다는 것을 깨닫는 계기가 되기도 합니다.

모두가 망연자실할 때
묵묵히 한 사람이라도 구하려고
공동체를 위해 헌신하는 사람이
평범하게 우리 곁에 있었다는 걸
깨닫는 때이기도 합니다.

가정에서 분리된 아이를 돕는 일은
응급실의 인력, 불 끄러 출동하는 소방관처럼
이 사회에 꼭 필요한 일입니다.

굳이 응급실의 예를 들 필요도 없이,
몸보다 마음이 아픈 이 아이들을 돌보는 일은
원래 힘들고 어려운 일입니다.

현실에 대해 불만을 토로하기보다는
마주친 상황에 최선을 다하는 소방수나
응급실 사람들처럼 최선을 다할 뿐입니다.

사회의 굳은 관습이나
제도를 바꾸는 일은 쉽지 않습니다.
길고 어려운 싸움입니다.

그러나 어렵더라도 그렇게 착실히 해 나갈 때,
그 수고와 헌신이 거름처럼 쌓이면
이 사회는 분명히 앞으로 나아갈 겁니다.

−끝−

목차

추천의 글   5

프롤로그 – 몸보다 마음이 아픈 아이들 _{만화}   10

1장 트라우마를 경험한 아이들

1. 트라우마 이해   28

2. 트라우마의 영향   30

2장 ADHD

1. ADHD 제대로 이해하기   38

2. ADHD 양육방법   49

3. ADHD 집단지도   68

4. ADHD의 아동과 양육자의 예측가능한 양육태도   74

5. ADHD 아동 사례 이야기   78

3장 경계선 지능

1. 경계선 지능 바로 알기   83

2. 경계선 지능 아동의 양육지도   93

3. 경계선 지능 아동의 학습지도   97

4. 경계선 지능 아동의 사회성지도   106

5. 경계선 지능과 문제행동 (일반아동과 다르게 다루기)   112

4장 아동의 상실과 애도

1. 상실   125

2. 상실을 경험하는 아동의 반응   139

3. 애도   148

4. 아동의 상실에 대처하고 애도 과정을 돕는 양육자의 자세   163

5장 상실과 애도에 관한 양육자, 자립청년 인터뷰

1. 양육자 인터뷰   186

2. 자립청년 인터뷰   197

에필로그   217

참고문헌   219

1장

트라우마를 경험한 아이들

얼마 전, 아동양육시설 실무자를 위한 교육을 의뢰받아 아이들을 양육하고 계시는 선생님들께 평소 지도하기 힘든 아동의 사례를 요청했습니다. 사례 대부분이 공격성, ADHD, 경계선 지능을 가진 아이들 사례였습니다. 더 놀라웠던 것은 사례의 90% 이상이 어린 시절 부모로부터 학대와 방임을 경험한 아이들이었다는 점입니다. 최근 들어 부모의 이혼, 가출, 학대, 방임 등으로 가정의 해체가 늘어나면서 부모에게 적절한 양육을 받지 못하고 시설에 입소하는 아동이 증가하고 있는데, 이 아이들에 대한 이해와 관심이 필요한 것 같습니다.

1
트라우마 이해

　아이들이 부모에게서 경험한 학대와 방임 등을 외상 사건[1]이라고 하는데, 이런 외상 사건으로 인해 아동의 정신체계가 갑자기 붕괴되거나 고장을 일으킬 수 있습니다. 이것을 멘붕 상태라고 흔히 말합니다. 심리학에서는 이를 트라우마 trauma 라고 하고, Big trauma와 Small trauma로 나눕니다. Big trauma 'T' 트라우마 는 '쓰나미'나 '지진' 같은 자연재해와 교통사고, 심한 폭력, 성폭력처럼 감당하기 힘든 사건에서 비롯된 상처를 의미합니다. Small trauma 't' 트라우마 는 부모에게 계속해서 이해받지 못하거나, 맞거나, 욕을 들었을 때, 또는 친구 관계에서 왕따를 경험했거나 친구들 앞에서 창피를 당하는 등 애착 관계에서 일어나는 상처를 의미합니다. T 트라우마가 소나기에 흠뻑 옷이 젖는 것이라면, t 트라우마는 가랑비에 옷이 젖는 것과 같아서 오랜 시간 동안 외상 경험이 축적된 결과로 생기게 됩니다. t 트라우마는 '큰일이 일어난 것도 아닌데, 뭘 그런 걸 가지고 힘들다고 하나'라고 타인도 본인도 이야기할

1　외상 사건: 내부 또는 외부에서 오는 너무 강력한 자극

수 있지만, 사실은 큰 상처를 받은 것이지요. 부모의 학대나 방임으로 아동양육시설에 들어오게 되는 아이들 같은 경우, T 트라우마를 경험한 아이들이라고 볼 수 있습니다.

심리적 외상인 트라우마 경험은 암묵적 implicit 이거나 명시적 explicit 인 형태의 기억으로 대뇌에 저장되는데, 이 중 암묵적 기억은 무의식 속에 저장되고 의식하지 못한 상태에서 자동으로 아동의 행동, 감정, 생각에 영향을 미치게 됩니다 Siegel, 1999 . 예를 들어, 부모의 언어 학대로 고통받았던 아동은 이후 선생님의 작은 훈계에도 반사적으로 격한 감정이 올라올 수 있습니다. 이처럼 트라우마 경험은 트라우마를 겪은 그 시기에만 어려움을 주는 것이 아니라 시간이 흘러도 피해 아동의 삶과 인간관계에 부정적인 영향을 미치게 됩니다.

2
트라우마의 영향

1) 사소한 스트레스에도 극도로 민감하게 반응

건강한 부모는 아이가 흥분하더라도 감당할 수 있는 범위 내에서 감정을 유지하고 스스로 조절할 수 있는 능력을 발달시키도록 도와줍니다. 이것을 경험한 아이들은 화, 슬픔 등의 감정을 느끼면 어느 정도 시간이 지난 뒤에 다시 평정심을 되찾습니다. 그러나 학대와 방임, 즉 트라우마를 경험한 아이들은 자신의 경험을 담고 견디며 처리하는 그릇이 깨져 있어서 사소한 스트레스에도 극도로 민감하게 반응합니다. 부모를 통해 자신의 슬픔이나 불안 등의 감정이 안정되고 조절되는 경험을 한 적이 없기에, 감정 조절에 어려움을 겪으며 쉽게 불안에 빠지고 자신의 기분을 설명하기 어렵습니다. 선생님의 야단 한 마디에 굉장히 폭력적으로 반응하기도 하고, 자신을 해하는 행동을 하기도 합니다. 특히 좌절감을 느낄 때 또는 누군가 자신을 방해하거나 오해한다고 생각할 때 그런 행동이 많이 나타납니다. 성인이 되어서도 화가 나면 통제력을 잃기 쉽습니다.

스티브 사우스윅 Steve Southwick 과 존 크리스털 John Krystal 은 심리적 외상을 입은 사람들에게서 실질적인 위험이 사라지고 오랜 시간이 흐른 뒤에도 스트레스 호르몬인 코르티솔이 계속해서 다량으로 분비되는 것을 발견했습니다. 위협 요소가 다 사라진 후에도 체내 스트레스 호르몬이 정상 수준으로 돌아오지 않는다는 것이지요. 이처럼 트라우마를 경험한 아동은 다른 아동보다 스트레스 각성 수준이 높아 작은 스트레스에도 불안을 경험합니다 Bessel Van Der Kolk, 2022 .

예측하기 힘든 부모에게서 자란 아동은 흥분된 상태가 오래 지속되어 만성적인 불안과 긴장에 시달립니다. 또한, 감정과 기분이 한쪽 극단에서 다른 쪽 극단으로 급속히 바뀌다 보니, 폭발적으로 짜증을 내다가 언제 그랬냐는 듯이 웃기도 합니다. 종잡을 수 없는 아동의 이런 모습들이 당황스럽고 이해가 잘되지 않을 수도 있을 것입니다.

학대와 방임은 아동의 공격성에 영향을 줍니다. 부모의 분노와 공격성의 대상이 된 아동은 트라우마를 입으면서 분노를 경험하고 공격적으로 될 수 있으며, 자신의 분노를 적절하게 표현하지 못하는 경향이 있습니다 권효정, 2005 . 그리고 가족 관계 안에서 경험한 정서적 혼란과 적대감을 또래와의 상호작용에서 공격성으로 표현하고 Cullerton-Sen et al. 2008 , 학대 경험이 없는 아동과 비교해 높은 수준의 공격성을 보입니다.

2) 세상에 대한 신뢰가 무너짐

인간이 태어나서 처음으로 만나게 되는 양육자는 아이를 먹이고 입히고 혼란스러울 때 다독일 뿐만 아니라, 빠른 속도로 성장하는 뇌가 현실을 인식하는 방법을 형성하게 해줍니다. 양육자와의 상호 관계는 무엇이 안전하고 무엇이 위험한지 알려 주고, 우리가 기댈 수 있는 사람과 우리를 실망하게 할 사람을 알아보게 하며, 필요한 것을 얻으려면 무엇을 해야 하는지 알려 줍니다. 이러한 정보는 뇌에 저장되고 자기 자신과 주변 세상을 생각하는 방식의 틀을 형성하게 합니다. 이 내적 지도는 시간이 흘러도 매우 안정적으로 유지됩니다.

오랜 시간 학대와 방임을 받은 아이들은 자신에게 끔찍한 일이 일어나는 것이 자기가 끔찍한 사람이기 때문이라고 믿는 경향이 있습니다. 자신은 결함이 있고 가치 없는 존재라는 생각을 할 수밖에 없는 상태가 됩니다. 그래서 자신에게 혐오와 무가치함을 쉽게 느끼고, 다른 사람의 긍정적 피드백을 잘 신뢰하지 못합니다. 누군가 자신에게 긍정적 피드백을 해주더라도 '그냥 하는 소리겠지, 듣기 좋으라고 하는 소리겠지'라고 생각합니다.

또한, 학대와 방임은 부정적인 자기 신념을 형성할 뿐만 아니라 타인과 세상을 향해 부정적인 신념을 만듭니다. 예를 들어, '타인을 신뢰하면 안 돼.'라거나 '내 마음을 이해하는 사람은 이 세상에 없어.' 같은 생각입니다. 이 아이들에게 세상은 안전한 곳이 아니기에 자신을 보호하기 위해서 늘 최악의 상황을 생각하고 대비하려고 합니다. 그러다 보니 늘 불안에 시달릴 수밖에 없고, 새로운 세상을 탐험하고 새로운 관계를 맺는 일이 너무 어렵습니다.

3) 유전적 취약성

학대와 방임의 외상 사건을 경험한 아이들은 유전적으로 연약할 수밖에 없습니다. 학대와 방임은 심리적 문제만 일으키는 것이 아니라 아동기 뇌 발달에 부정적 영향을 미칩니다. 양육시설 아동은 일반 아동과 비교해 상대적으로 평균 지능이 더 낮은 것으로 보고됩니다 김보람 외, 2008; IJzendoom et al., 2008 .

최근 들어 스트레스 경험이 인간의 유전자 발현에도 영향을 준다는 사실이 밝혀졌습니다. 아동기에 겪게 되는 학대와 방임은 뇌 신경망의 연결과 손상에 영향을 주어, 이후 스트레스에 반응하는 뇌의 화학물질에 영향을 미칩니다. 트라우마를 경험한 아동은 수시로 과도하게 흥분하고 정신없는 상태에 놓였었기 때문에 뇌의 억제 시스템과 흥분 시스템이 제대로 조율되지 못하는 상태에 이르게 됩니다. 그래서 트라우마를 경험한 아동들은 공통으로 조절의 어려움과 주의력과 집중력 문제를 가집니다.

지금까지 트라우마에 대한 이야기를 짧게나마 해보았습니다. 다음 장부터 다루게 될 ADHD, 경계선 지능 아동에 대한 지도 방법을 살펴보시기 전에 이런 특성을 가진 아이들이 겪었을지도 모를 학대와 방임 등의 트라우마에 대해서 이해하고 트라우마 관점으로 아이들을 바라봐주시기를 바라는 마음입니다.

부모의 학대와 방임은 아동에게서 따뜻한 돌봄과 친밀감, 즐거움 등을 앗아갑니다. 아이는 자라면서 트라우마로 인해 잃어버린 것들을 위해 슬퍼하고, 분노하고, 표현할 수 있어야 합니다. 이런 과정을 통해 새로운 자기와 새로운 관계가 형성되고 세상을 향한 신뢰를 되찾게 될 것입니다. 이 회복의 과정은 결코 쉬운 과정이 아니며, 혼자서 걸어갈 수 없는 길입니다. 많은 성인이 아이들의 안전지대가 되어주어야 하고, 또 서로 연대해야 합니다. 자신과 세상에 대한 신뢰가 형성되기까지 다른 아이들보다 오랜 시간이 걸리겠지만, 우리의 수고와 인내의 시간은 절대 헛되지 않을 것입니다.

2장

ADHD

지금부터 살펴볼 주의력결핍 과잉행동장애(ADHD)와 3장의 경계선 지능(BIF)에 대한 내용을 다루는 이유는 이를 지닌 아동이 겪는 어려움을 이해하기 위해서입니다. 이는 ADHD와 BIF를 아는 지식을 넘어 어려움을 가진 아이들이 현실의 삶을 잘 살아내도록 도와주고, 미래의 삶을 살아갈 수 있도록 안내하는 데 의의가 있습니다. 앞으로 다루어 볼 지식이 앎을 넘어 아동을 기르고 양육하는데 지혜가 되길 간절히 바랍니다.

1
ADHD 제대로 이해하기

ADHD(Attention Deficit Hyperactivity Disorder)
주의력 결핍 과잉행동 장애

*ADHD는 약자입니다.

Attention : 주의력
Deficit : 결핍
Hyperactivity : 과잉활동
Disorder : 장애

ADHD 아동은 주의력 결핍과 과잉행동을 보인다는 뜻입니다. 주의력은 흥미가 없는 자극에 주의를 기울이는 능력을 말합니다. 흥미와 관심이 자극 추구를 의미하는 것은 아니므로, 레고를 좋아하는 아이가 몇 시간 레고에 몰두하고 책을 좋아하는 아이가 책을 보는 것을 주의력이라고 착각하지 않아야 합니다. 주의력은 흥미가 없어도 현재 집중해야 할 것에 집중하는 능력을 말합니다.

ADHD는 미국정신의학협회 APA 에서 발행한 DSM-5 진단 메뉴얼에 따른 진단명입니다. ADHD는 신경발달장애 범주에 있는 장애로, 환경에 의한 장애라기보다는 유전적이고 신경발달과정 상의 문제라고 진단하는 장애입니다.

1) ADHD의 특징

ADHD는 크게 세 가지 특징이 나타납니다.

부주의 Inattention	과잉행동 Hyperactivity	충동성 Impulsivity
· 주의력이 부족함 · 쉽게 싫증 냄 · 산만함	· 쉴 새 없이 움직임 · 한 곳에 가만히 있지 못함 · 조급함	· 참을성이 적음 · 감정변화 많음 · 생각 없이 행동함

조금 더 자세히 살펴보겠습니다.

특징	아동의 행동들
부주의 Inattention	· 물건을 자주 잃어버린다. · 부주의하여 실수를 자주 한다. · 오래 집중하지 못한다. · 다른 사람 말을 경청하지 못한다. · 과제나 맡은 일을 완수하지 못한다. · 계획을 세워 체계적으로 하는 것이 어렵다. · 오래 집중해야 하는 공부 등을 하기 싫어한다. · 주변 자극에 쉽게 산만해진다. · 일상적으로 해야 할 일을 자주 잊어버린다. · 여러 가지에 정신이 팔려서 양육자의 말을 듣지 못한다.

특징	아동의 행동들
과잉행동 Hyperactivity	· 지나치게 말을 많이 한다. · 몸을 가만히 있지 못한다. · 다른 사람을 거칠고 과격하게 만진다. · 책꽂이를 기어오르거나, 높은 곳에 자주 올라간다. · 끊임없이 움직이고 마치 모터가 달린 것처럼 행동한다. · 손발을 가만두지 못하고 앉은 자리에서 계속 꼼지락거린다. · 몸을 멈추고 가만히 있는 정적인 활동에 조용히 참여하지 못한다. · 물건을 부수거나, 벽을 치거나, 몸을 심하게 뒤로 젖히거나 움직이며 화를 낸다.
충동성 Impulsivity	· 차례를 못 기다린다. · 질문이 끝나기 전에 불쑥 대답한다. · 다른 사람의 활동에 끼어들거나 방해한다. · 제자리에 있어야 할 때 마음대로 자리를 뜬다. · 갑작스러운 생각이나 감정변화가 자주 일어난다. · 친구들과 자주 싸우고, 큰 몸싸움을 일으킨다.

2) ADHD의 세 가지 세부 유형

(1) 부주의 우세 표현형

주의력 문제가 우세한 경우입니다. 쉴 새 없이 말을 하거나 높은 곳에 올라가거나 뛰어다니지는 않지만, 주의 기울이기에 어려움을 느끼는 아동입니다. 그래서 한 가지를 오래 하지 못합니다. 부주의 우세 표현형 유아는 한 가지 놀이를 하다가 쉽게 다른 놀이로 바꾸고, 학령기 아동의 경우 하기 싫은 공부를 할 때 멍하게 있거나 딴 생각을 하기도 합니다. 이러한 아동은 양육자가 1:1로 지도를 할 때는 개별적으로 관심을 주며 주의를 붙들어 유지해주기 때문에 문제행동이 나타나지 않기도 합니다. 그러나 여럿이 있을 때, 혼자서 숙제를 끝내야 할 때, 어려운 문제를 혼자 고민하면서 풀어야 할 때 힘들어하거나 과제를 마치지 못하는 경우가 많습니다.

(2) 과잉행동과 충동성 표현형

행동과 충동성 문제가 우세한 경우입니다. 기분이 좋아서 뛸 때 과도하게 날뛰듯 뛰어다니거나, 지나치게 기분이 각성되어 흥분하여 말하거나 돌아다니는 모습을 보입니다. 특히 과잉행동 우세형은 일상에서 말을 끊임없이 하고, 계속 움직이고 잠시도 앉아 있지 않습니다. 너무 조용하면 불편을 느끼고 과장된 행동으로 웃기려고도 합니다. 과잉행동 우세형 유아는 자극을 추구할 장난감이 없다면 주변에 있는 물건들을 마구 꺼내어 놀이하려고 하거나, 갑자기 가구에 올라가거나, 거실을 빙빙 돌며 춤을 추거나 노래를 부르는 등의 자극 추구 행동을 하기도 합니다. 학령기 아동은 끊임없이 자신이 좋아하는 것을 이야기하거나, 멈추라고 해도 일방적으로 계속 말하기도 합니다. 충동성이 높은 아동은 갑자기 흥분하거나 말보다 몸이 앞서는 경향이 뚜렷합니다. 그래서 유아기에는 친구를 갑자기 때리거나 밀치기도 하고, 학령기 아동의 경우 갑작스럽게 욕설을 하거나 흥분하는 모습을 보입니다.

(3) 복합형

주의력 문제와 과잉행동 문제를 동반하는 경우입니다. 주의를 집중하기도 어렵고, 행동이 과잉되거나 충동성이 있어 지도가 가장 힘든 유형이기도 합니다. 따라서 복합형 ADHD 문제를 가지고 있다면, 주의력과 과잉행동 중 어떤 것이 먼저 문제를 일으키는 원인이 되는지를 살펴야 합니다. 특히 주의 기울이기가 안 되면, 양육자가 설명하거나 지도하려고 해도 과잉행동은 진정되지 않을 수 있어, 먼저 양육자에게 주의 기울이기에 관해 알려주어야 합니다. 아동이 먼저 주의를 기울일 수 있게 진정할 수 있는 장소를 정하여 흥분을 가라앉히는 것이 효과적입니다. 감정이 고조되고 과잉행동을 보일 때 억지로 감정을 억압하는 것은 별로 도움이 되지 않습니다. 그러나 흥분되었을 때 반복적으로 진정을 위한 정해진 장소와 방석 등의 자리로 가서 진정하게 되면, 이전에 경험했던 절차대로 행동하게 되면서 자발적으로 진정할 수 있는 과정을 배울 수 있습니다.

3) ADHD 동반장애

　ADHD는 다른 장애와 동반되는 경우가 많습니다. ADHD는 주의력 문제와 과잉행동 문제 및 충동성으로 인해 규칙이 있는 상황에서 문제가 발생합니다. 따라서 제한이 있는 상황에서 규칙을 위반하거나, 성인과 갈등이 자주 발생할 수밖에 없습니다. 그래서 적대적 반항장애와 동반장애를 갖는 경우가 40%나 됩니다. 다음으로 높은 것이 불안장애입니다. 심리적으로 불안정한 상태가 주의산만과 충동성을 자극하거나, 반대로 주의를 기울이지 못해서 또는 충동성으로 생긴 결과로 불안해지기도 합니다. 또한, ADHD는 초등 고학년 혹은 청소년기 발달로 넘어가면서 품행 장애와 동반되는 경우가 많습니다. 초등학교 학령기에 반항 장애를 갖고 있던 아동들이 문제행동이 개선되지 않은 채 부정적 행동을 지속하면서 품행 장애를 이어 갖게 됩니다. 따라서 ADHD는 ADHD 자체의 어려움도 있지만 이로 인해 파생되는 사회적응문제, 집단과 소속에서의 관계갈등문제 등이 연결되어 복잡해지거나 문제가 더 커지는 경우가 많습니다.

　ADHD와 동반되는 몇 가지 장애를 소개하면 다음과 같습니다.

CD. 행동 장애 (Conduct Disorder)	정서 문제가 없는 행동문제를 가지고 있는 장애
ODD. 적대적 반항 장애 (Oppositional Defiant Disorder)	권위대상에 대한 분노와 적개심을 가진 정서 행동 장애
DMDD. 파괴적 정서 조절 장애 (Disruptive Mood Dysregulation Disorder)	격한 감정변화와 감정폭발을 보이는 정서 행동 장애

4) ADHD 개입

ADHD 개입 = 약물치료 + 개별심리치료 + 가족의 지지와 지원

미국소아과학회 American Academy of Pediatrics: AAP 와 미국 질병통제예방센터 Centers for Disease Control and Prevention: CDC 에서는 ADHD 아동과 청소년을 특별한 건강관리가 요구되는 아동과 청소년으로 규정하고 있습니다. ADHD는 만성질환 관리모델 chronic care model 로 보며, 가정중심 치료 medical home 의 원칙에 따라 치료할 것을 권고합니다. 그 이유는 ADHD는 심리적, 정서적 문제가 아닌 신경 발달학적 뇌의 실행기관 문제로 완치가 되지 않기 때문입니다. 따라서 약물복용을 통한 일차적 치료를 하면서 개인의 인지행동치료 및 정서행동치료를 병행하고, 가족과 사회관계에서 지속적인 자기

조절훈련을 하며 교정해야 합니다. 따라서 ADHD가 있는 아동을 지도할 때는 단기적인 노력 후 효과를 기대하기보다는 아이의 현재 수준을 정확하게 파악하고 꾸준한 개입을 해주며, 가족이 지지와 지원을 해주어야 합니다.

5) ADHD 아동에게 필요한 지도

ADHD가 신경 발달 장애라는 것은 신경학적 기능의 어려움이 있다는 것을 의미합니다. 즉, 어떤 기능이 잘 작동하지 않는지를 알아야 그 기능을 지원하거나 교정하기 위한 정확한 지도방법을 찾을 수 있습니다. 따라서 아동이 보이는 어려움이 어떤 인지적, 행동적 실행기능의 어려움인지를 살피고, 반대로 그 기능을 잘할 수 있도록 지도하는 것이 효과적입니다.

실행기능	ADHD
지속적인 주의	주의력 결여
반사	충동성
일시적 정지	과잉행동
자기 조직화	계획력 결여
자기 통제	고집스러움
자기 평가	낮은 자존감
사회적 인식	미숙한 사회적 능력
순종	도전적인 행동
단기기억	잘 잊어버림
운동능력 협응	협응 능력 떨어짐

특징	설명	방향성	지도방법
주의력 결여	흥미가 없는 것에 대한 주의를 기울이는 것이 어렵다.	지속적인 주의 기울이기 연습을 한다.	· 흥미가 없는 것에 집중하는 시간을 단계적으로 늘리기 · 흥미가 있는 활동을 하면서 활동수준을 높여 주의력을 발휘하도록 하기
충동성	갑작스러운 말과 행동을 한다.	반사적 행동을 줄이고, 반사적 조절을 지도한다.	· 외부 자극에 반사적으로 행동하지 않도록 반사적 말과 행동을 멈추기 · 반사적 능력을 발휘할 운동 가르치고, 동시에 운동을 통해 조절력 배우기
과잉행동	말과 행동의 각성이 높고, 쉴새 없이 움직인다.	행동과 욕구를 잠시 멈추는 훈련을 한다.	· 자유롭게 움직일 수 있는 환경과 시간, 멈춰야 하는 환경과 시간 구분하기 · 자유롭지만 안전하게 즐길 수 있는 도전적 신체 활동이나 운동 시간을 정해서 하기
계획력 결여	규칙을 기억하거나, 계획을 만들지 않고 생각나는 대로 행동한다.	자신이 해야 할 일을 직접 계획한다.	· 놀이, 활동, 여행, 외출, 친구 만나기 등 전에 계획하고 실행하도록 하기 · 놀이 후 귀가 시간 약속을 정확하게 지켰다면, 다음 놀이시간을 10분 추가 보상 주기

특징	설명	방향성	지도방법
고집 스러움	자기 생각을 잘 바꾸지 못하고 일방적으로 주장한다.	자기 생각과 마음을 직접 정하기도 하고 돌이키게도 한다.	· 다른 사람의 이야기를 끝까지 듣고 타당한 이유와 함께 자기 주장 하기 · 자기 생각으로 행동했을 때의 결과를 자연적 결과로 경험하게 하기
낮은 자존감	자신은 늘 실수투성이 혹은 문제라고 생각한다.	자신의 노력에 대한 긍정적 자기평가를 연습한다.	· 스스로 노력하고 있는 모습과 노력을 통한 성취 에피소드를 기억하기 · 노력하여 개선되거나 변화하는 능력을 눈으로 보이는 지표로 보여주기
미숙한 사회적 능력	연령에 비해서 정서와 행동이 어린아이 같고, 자조 행동이 느리고 미숙하다.	연령에 맞는 행동의 기준을 알고, 자신의 행동에 관한 타인의 객관적 평가를 듣고 안다.	· 연령에 적합한 기대수준을 알려주고, 상황에 맞는 말과 행동 연습하기 · 연령에 맞는 애정표현방법, 문제 해결방법을 직접 보여주고, 대사 알려주기
도전적인 행동	위험한 행동을 하거나, 어른에게 맞서거나 대든다.	성인(양육자, 교사 등)의 지시를 따랐을 때의 유익을 경험한다.	· 성인의 지시에 순종해야 하는 규범을 익히고, 순종을 한 후에 칭찬을 받는 기쁨 경험하기 · 성인의 안내를 따랐을 때, 결과적으로 유익한 결과 혹은 성취를 경험하기

특징	설명	방향성	지도방법
잘 잊어버림	자신의 물건을 잘 잃어버리거나, 약속을 잘 잊어버린다.	조금 전 듣거나 보았던 내용을 기억하는 단기기억 유지를 한다.	· 물건 위치, 전화번호 기억하고, 하루 일과 중 반복적인 패턴을 순서대로 기억하기 · 자신이 사고 싶은 것, 하고 싶은 것을 스스로 기억하고 챙기도록 하기
협응 능력 떨어짐	눈으로 보고 들으며 손과 발을 같이 움직이는 통합적 활동을 잘 못 한다.	눈으로 보면서 행동 하거나 따라하는 시지각 운동이나, 손과 발과 시각을 동시에 사용(협응)하는 줄넘기 등의 운동 연습을 한다.	· 춤, 그림, 운동능력 등을 통해 협응 연습하기 · 설거지 혹은 집안일을 꼼꼼하게 보여주고 가르치며 숙달시킨 뒤 칭찬하기

2
ADHD 양육방법

1) 주의력 문제를 갖는 아동을 위한 양육방법

(1) 감각에 주의를 기울이는 것에서 출발하기

아주 어린 아이가 주의를 기울이기 시작하는 것은 감각자극부터입니다. 아기는 태내에서 바깥소리에 주의를 기울이고, 뱃속에서 손을 빨기도 하면서 감각을 느낍니다. 그래서 주의를 기울이는 시작은 감각에서부터입니다. 예방적으로 가장 좋은 양육지도는 아동의 감각에 양육자가 주의를 기울여주는 것입니다. 아동이 음식을 먹다가 맛있다고 할 때, 아동이 어떤 맛을 좋아하는지 집중해주는 것입니다. 아동은 단순히 음식이 맛있다고 했지만, 이는 아동이 맛을 느끼고 지각했음을 의미합니다. 주의력에 문제가 있는 아동이 "맛있다."라고 말할 때, 달콤 쌉싸름한 맛이 참 내가 좋아하는 맛이라거나, 새콤달콤한 소스의 맛이 참 내가 좋아하는 맛이라고 말하지 않습니다. 주의력에 어려움이 있는 아동은 단순하게 느끼고 단순하게 생각합니다. 즉, 감각적으로 느끼기는 하지만 명료하게 지각하지 않습니다. 그래서 주의력 문제가 있는 아동은 보고 들은 것을 금방 잊는 것입니다.

주의력에 어려움이 있는 아동을 지원하고 주의력을 향상시키기 위해서는 먼저 아동이 보고, 듣고, 느끼고, 맛보고, 냄새 맡아보는 감각을 지각하는 것에서 출발해야 합니다. 일상에서 대단한 솔루션보다 일상에서 아동이 먹는 음식을 같이 맛보고 대화하며 즐기는 것, 아동이 듣는 음악을 공유하며 어떤 구간과 느낌이 좋은지 같이 듣고 대화하는 것, 좋아하는 드라마와 책을 같이 보고 즐기는 것이 감각적 주의력을 증진시키는 양육지도법입니다. 머리를 빗기거나 드라이를 해주고 로션을 발라주며 아동이 언제 양육자의 돌봄적 감각을 좋아하는지를 느끼고 나누는 순간이 중요합니다.

아동이 성장하면서 가장 많이 사용하는 감각은 시각과 청각입니다. 영아기를 지나 유아가 되면서 장난감을 입에 넣지 않고 손으로 만져보며 탐색하고, 초등기가 되면 설명을 듣고 교재를 읽으며 학습합니다. 아동마다 시각과 청각적 감각 중 더 민감하고 주의를 기울이기 편안한 감각이 있습니다. 주의력 문제가 있다고 하더라도 주의를 기울이는 기능 전체가 고장 난 듯 기능하지 않는 것이 아닙니다. 주의를 기울이는 것에 어려움이 있는 것이지 불가능한 것이 아닙니다. 그러므로 양육자는 아동이 타고난 우세 감각을 찾아 더 나은 감각능력이 주의를 기울이는 능력으로 계발되도록 해주는 것이 중요합니다.

시각 감각이 우세한 사람은 활자로 된 교재가 학습하기 편안하고, 청각 감각이 우세한 사람은 구술로 된 음성이 학습하기 편안할 것입니다. 시각 감각이 우세해서 교재가 편안한 아동에게 교재는 주지 않고 설명만 한다면 많은 정보를 기억하지 못할 것입니다. 반대로 청각 감각이 우세해서 듣고 기억하는 것을 잘하는 아동인데 교재만 주고 스스로 읽고 이해하라고 한다면 도무지 이해가 안 될 것입니다.

반대로 주의력 문제가 있는 아동 중에는 감각이 과민하여 도리어 과잉 지각하거나 부적절하게 지각하는 아동도 있습니다. 예를 들면, 다른 사람이 스친 것인데 촉감이 예민하여 때렸다고 느끼고, 제대로 상황을 보지 않고 감각적 느낌만으로 판단하는 경우입니다. 또는 시각적으로 예민하여 다른 사람이 쳐려본 것이 아닌데 상황적 맥락을 관찰하지 않고 자신을 향해 노려본 것이라고 단단히 오해하고 싸우는 아동도 있습니다. 이처럼 과민한 감각을 지니고 있다면, 오히려 감각을 적절하게 지각하는 훈련이 필요합니다.

감각을 과잉되게 느끼는 아동은 감각적 느낌이 0~10이라 할 때, 늘 모든 자극을 10으로 느끼고 있다는 것을 스스로 지각하지 못합니다. 그러므로 일상적 감각을 0~10으로 나누는 것부터 시작해야 합니다. 예를 들어, 늘 힘들다고 짜증을 내는 아동이라면, 피곤하다는 감각에 주의를 기울여 그 정도를 지각하여 구별하도록 합니다.

<피곤하다>의 단계 구분

0 : 기운이 넘친다.

1 : 전혀 피곤하지 않다.

2 : 약간 피곤하지만 졸리거나 바닥에 앉고 싶은 정도는 아니다.

3 : 피곤하여 의자가 있다면 앉고 싶다.

4 : 피곤하여 쉬고 싶다는 생각이 든다.

5 : 피곤하여 다리가 무겁고 몸을 움직이는 것이 둔하다.

6 : 피곤하여 몸이 가라앉는 느낌이 들고, 몸이 쳐져서 자세가 흐트러진다.

7 : 피곤하여 눈이 감기고 주변 상황에 정확하게 집중하기 어렵다.

8 : 피곤하여 눈을 뜨고 있기가 힘들고, 몸을 일으키는 것이 어렵다.

9 : 피곤하여 눈을 뜨는 것조차 불가능하다.

10 : 피곤하여 모든 것을 멈춰야 할 정도로 아무것도 못 하는 상태다.

(2) 기억하게 도와주기

주의력은 기억력과 연결됩니다. 기억에 어려움이 있다는 것은 정보 인지에 어려움이 있다는 것입니다. 기억은 했는데 금방 잊어버려 어려움을 겪을 수도 있고, 내용을 기억하는 암기전략을 몰라 어려울 수도 있습니다. 아니면 부분적인 기억은 했지만 내용이 정리되고 기억되지 않아서, 뒤죽박죽 기억이 엉켜서 파편적으로 기억될 수도 있습니다.

따라서 기억을 꺼내는 작업보다, 기억을 하게 하는 초기 작업이 중요합니다. 주의력에 어려움이 있어 무엇인가를 기억하는 초기 단계부터 문제가 생기는 것은 책꽂이에 책을 어떻게 정리해야 할지를 모르거나, 책을 아무렇게나 정리해서 정작 그 책을 어디에 꽂아 놓았는지 기억을 못 하는 것과 같습니다. 책을 찾아야 할 때마다 결국 책을 찾지 못하거나, 오래 걸립니다. 그래서 주의력 문제를 가진 아동이 공부할 때 기억 전략도 알려 줘야 합니다.

기억 전략들
- 초성을 따서 외우는 방법
- 순서대로 기억하는 방법
- 소리 내어 말하며 암송하는 방법
- 노래를 부르며 기억하는 방법
- 그림을 그리며 이미지로 기억하는 방법
- 다른 사람을 가르치듯이 말하며 기억하는 방법

(3) 계획하도록 도와주기

주의력은 계획력과도 상관 있습니다. 주의력에 어려움이 있을 때는 우선순위를 세우는 것이 어렵습니다. 우선순위를 세운다는 것은 여러 가지를 생각해야 하고, 여러 가지를 서열화하여 생각하여 판단할 수 있어야 합니다. 이것은 유아기에는 인지적으로 어렵지만, 학령기에는 할 수 있습니다. 그래서 초등학교 3학년 이상이 되면, 아동 스스로 오늘 진행되는 수업시간표를 보면서 수업을 준비하고, 시계를 보면서 시간에 맞춰 학원에 가는 등의 일과를 스스로 챙길 수 있습니다. 그러나 주의력에 어려움이 있는 아동의 경우 일의 순서를 정할 때 해야 할 모든 것을 고려해야 하는데, 몇 가지를 기억하지 못할 수 있습니다. 시간, 급한 일, 중요도, 거리 등의 기준을 어떻게 정해야 하는지를 복잡하게 생각하기가 어려워 일의 순서를 정하지 못하는 아동도 있습니다. 마지막으로 우선순위 계획을 세울 능력은 있지만, 그 계획 자체를 잊어버리는 아동이 있습니다.

제 할 일을 스스로 챙기지 못하는 어려움은 똑같이 나타나지만, 어떤 어려움을 갖는지에 따라 할 일을 순서대로 마치지 못하는 이유와 지도방법은 다릅니다.

1	자신의 할 일을 모두 떠올리는 것을 어려워하는 아동	해야 할 일을 종이에 모두 적고, 눈으로 보게 한 다음, 해야 할 일을 비슷한 분류대로 묶어보거나 순서를 적어보게 합니다.
2	우선순위판단이 어려운 아동	시간 순서대로 하기, 중요한 것부터 하기, 오래 걸리는 것부터 하기 등의 우선순위판단부터 가르쳐주어야 합니다.

우선순위를 잘 정하는 것은 초등학교 학령기 아동들에게 어려울 수도 있습니다. 전체적으로 할 일과 시간을 모두 고려하여 종합적으로 판단해야 하기 때문입니다. 그래서 아동은 양육자의 도움을 받아 선택하고 결정하는 과정을 통해서 이것을 차차 배울 수 있습니다.

예를 들어보겠습니다.

예1) 그림그리기와 수학 문제집 풀기 사이에서 아동이 결정하지 못하는 경우

"그림 그리기 과제는 내일 꼭 제출해야 해서 중요하고
수학문제집은 오늘 다 하지 못하면 내일 할 수도
있으니, 오늘은 그림을 먼저 그리는 것은 어떨까?"

예2) 자신의 책상정리도 해야 하고, 쓰레기도 밖에 내다가 버려야 하는 경우

"동생과 형들이 정리하다가 쓰레기가 또 나올 수
있으니, 먼저 책상 정리를 하고, 그 다음에 쓰레기통을
치우는 것은 어떨까?"

예3) 시간이 흐르는 것을 잊은 채 딴짓을 하며 산만하게 공부하고 있는 경우

"지금은 6시고 7시부터는 자유시간인데,
숙제를 다 끝내지 않으면 텔레비전을 보는 시간이
늦어질 거야."

이렇게 이야기한다면 아동은 시간의 흐름을 인식하고 빨리 7시 안에 공부를 마치고 자유시간을 가지려고 할 수 있습니다. 이때, 이 야기해도 바로 잊는 아동이라면 시곗바늘이 있는 시계를 아동 앞 에 놓아주어 시간이 지나는 것을 스스로 확인하도록 합니다.

만약, 해야 할 일을 잘 계획하고 나서도 잊어버리는 아동이라면 to do list를 보드나 수첩에 적어서 해야 할 일을 하나씩 지워가며 할 일을 기억하고 하도록 해야 합니다. 수첩을 챙기기 어려운 아동 이라면 정해진 보드판이 있는 것이 더 나으며, 핸드폰이 있는 아동 이라면 해야 할 일을 캘린더 체크 앱과 미디어를 활용하는 것도 좋 습니다.

(4) 긍정적으로 강화하고 효과적으로 지시하기

기본적으로 ADHD 아동은 생각한 것을 오래 기억하지 못하거 나, 주변 자극 때문에 쉽게 산만해지므로 중간에 자주 다시 한번 상기시켜주거나, 안내해주는 양육자의 인내심과 지속적인 관심을 보여주어야 합니다. 반복해서 알려주다 보면, 아동의 몸에 체득되 어 습관적으로 행동하게 되는 몸의 기억으로 자리 잡기 마련입니 다. 다만, 주의력 문제를 가진 아동에게는 체득되는 시간이 오래 걸 립니다. 그래서 양육자는 내가 생각하기에 쉽고 당연한 것을 인내 심을 가지고 계속 말해주어야 하는 점에 어려움을 느낍니다.

아동이 습관을 체득하여 기억하는 시간을 빨리 당기는 방법은 양육자의 격려하는 자극 _{강화} 입니다. 인간의 뇌는 부정적인 것보다 긍정적인 것을 기억하려고 합니다. 또한, 긍정적인 기억이 많아지면 힘든 것과 집중하기 싫은 것을 할 때 이전에 긍정적 기억이 행동을 견인해줍니다. 즉, 아동이 공부 혹은 하기 일상생활에서 해야 할 일을 할 때 긍정적 격려와 칭찬, 하고 나니 기분 좋았던 결과들이 많았다면, 아동은"하다 보면 끝나겠지."라고 생각하며 행동을 시작합니다. 반면, 부정적인 기억이 많다면"그걸 해봤자!"라고 생각하며 책임을 회피할 것입니다.

주의력 문제가 있는 아동에게 중요한 것은 효과적인 지시입니다. 긴말을 듣는 것, 이해하는 것이 어려우므로, 먼저 이름을 불러 호명해주고 간단명료하게 핵심만 말합니다. 말 속에 중요한 핵심단어를 파악하기 어려울 수 있으므로 핵심단어는 꼭 짚어서 말해주고, 지시어를 정확하게 말해줍니다.

2) 과잉행동과 충동성 문제를 가진 아동을 위한 양육방법

(1) 신호 정하기

과잉행동이란, 과도하게 행동하는 것을 말합니다. 적당한 목소리로 말하면 되는데, 너무 큰 목소리로 말하고 기분이 좋으면 펄쩍펄

쩍 뛰거나, 과장된 행동 또는 흥분을 하며 몸을 움직입니다. 그러다가 옆 사람 얼굴을 치거나 누군가를 건들게 되는 일이 자주 발생합니다. 반대로 기분이 좋지 않을 때도 소리를 지르는 것을 넘어 비명을 지르고, 양육자와 싸우는 아이처럼 고래고래 악을 쓰기도 합니다. 장난감을 가지고 놀다가도 힘 조절이 안 되어 부수거나, 자극적인 놀이를 하면서 위험하게 놀다가 다치는 일도 많습니다.

과잉행동과 충동성 문제를 지닌 아동을 양육하는 양육자는 안전과 관련된 상황에서는 노심초사 불안합니다. 특히 신호등을 못 기다리고 뛰쳐나갈 때, 자전거를 돌진하듯 탈 때, 주변을 전혀 보지 않고 동네를 날아다니듯 뛰어다닐 때 사고 날까 싶어 불안이 상당히 높아집니다. 그러다 보니, 과잉행동과 충동성 문제를 가진 아동을 키우는 양육자는 다급한 경고와 화, 큰소리 내는 일을 자주 합니다. 문제는 아이들이 양육자의 큰소리와 다급한 말에 익숙해질 수 있다는 것입니다. 따라서 아동의 행동을 멈추기 위해서는 제한하거나 경고하는 메시지가 일관되도록 해야 합니다. 서로의 의사소통에서 신호를 정해놓는 것입니다.

(2) 과잉행동과 충동성을 건강한 방법으로 발휘할 수 있는 환경과 기회 주기

과잉행동과 충동성은 행동이 조절되지 않는 것과 갑작스럽게 행동하는 것을 말합니다. ADHD 아동의 과잉행동과 충동성은 조절해야 합니다. 여기서 조절은 '하지 않게 하는 것'이 아니라, 말 그대로 '정도를 의식적으로 조절하는 것'을 의미합니다. 신체 활동성이 높은 기질적 특징이 우세한 아동이라면, 몸을 거의 움직이지 않거나 정적인 상태에 오래 머무는 것 자체가 어려울 것입니다. 그래서 아동의 높은 신체 활동량과 과잉행동 및 충동성을 건강한 방법으로 발현하는 방법을 함께 안내해야 합니다.

과잉행동과 충동성은 거친 신체놀이와 과격한 운동을 하며 꽤 도전적인 성취를 해낼 때 긍정적인 자원이 되어줍니다. 예를 들어 클라이밍을 할 때 겁 없이 어딘가를 높이 오르려는 과잉행동은 강점이 되어 꼭대기까지 올라가려는 동기가 발현될 수 있을 것입니다. 일상에서는 주의를 기울이지 않아 쉽게 부딪치고 넘어졌던 문제들이 운동할 때도 나타납니다. 하지만 이때는 높이 올라가려는 성취를 위해 좀 더 신경을 쓰고 의식하며 주변을 보고, 자신의 감각을 인식하며 몸을 다뤄나갈 것입니다.

특히, 과잉행동과 충동성이 우세한 ADHD 아동에게는 긴 호흡의 운동보다는 짧은 시간에 에너지를 높게 발휘해야 하는 빠른 템포의 운동이나 활동이 더욱 도움될 수 있습니다. 지겹지 않아 여러 번 반복하면서 숙달할 수 있기 때문입니다. 만약 자전거를 탈 때, 전속력으로 탈 수 있는 경기장이라면, 남들이 열 바퀴를 탈 때, 100바퀴도 거뜬히 탈 것입니다. 그만큼 실력도 붙을 것입니다.

즉, 과잉행동을 통제하는 것도 중요하지만, 과잉행동을 건강한 방법으로 발휘할 수 있는 환경과 기회를 주어 정해진 환경에서 충분히 성취감을 획득하는 것이 중요합니다. 그러한 보장된 시간과 환경은 아동에게 자신이 원하는 것을 충분히 했다는 마음의 만족감을 줄 것이며, 충족된 만족감은 하기 싫은 것을 해야 할 때 마음 상태를 좀 더 유연하게 해줄 수 있는 예방이 됩니다. 또한, 그 자유로운 활동시간을 갖기 위해 일상적 과업을 마무리하려고 노력하는 능동적 노력을 할 수 있습니다. 마지막으로 직접 자신의 몸을 움직이고 다루며 자신의 감각과 신체 활동을 어떻게 얼마나 조절해야 할지 직접 배우는 과정이 신체조절력에 큰 도움이 됩니다.

(3) 구체적 규칙 알려주기

과잉행동 아동에게 안전규칙을 가르칠 때는 여러 번 잔소리 하는 것보다는 효과적으로 가르쳐야 합니다. 대범한 아동이라면 양육자가 안전을 강조해봤자 크게 지키지 않습니다. 예를 들어, 건널목에서 꼭 양쪽 길을 보고 건너야 하고, 뛰면 절대 안 된다고 가르치는 것은 비효과적입니다. 양육자가 매번 절대 안 된다고 말할 수도 없으며, 규칙을 지키는지 안 지키는지 확인할 수 없기 때문입니다. 이렇게 양육자가 '절대 하면 안 된다'고 말해놓고도 규칙을 통제할 수 없다면 그 지시의 권위는 낮아집니다. 양육자는 아동에게 "은정아, 편의점 앞 건널목에서는 꼭 좌우를 보고 건너라. 그곳은 신호등이 없어서 차들이 갑자기 나올 수 있어. 편의점! 기억해라."라고 이처럼 이유를 설명하고, 구체적인 규칙을 강조하는 것이 더욱 효과적입니다.

구체적 규칙 예시는 다음과 같습니다.

정말 조심해야 하는 것 알려주기	"횡단보도에서는 자전거 타면 안 돼" "창문 난간에는 절대 올라가지 마라"
약간 신경 쓰면 되는 것 알려주기	"높은 곳에 올라가서 착지할 때, 발목이 다치지 않도록 두 발로 착지 신경 써라" "골목에서 자전거 탈 때는 차나 사람이랑 부딪칠 수 있으니 속도 조절하며 타라"

구체적 규칙 지시 이후에 일어나는 일은 자연적 훈육[1]으로 배우는 것이 좋습니다.

(4) 즉시 강하게 경고하기

아동이 절대 하면 안 되는 행동, 치명적인 안전문제가 생길 수 있는 행동을 했을 때 한두 번 경고하고 봐주는 것은 금물입니다. 절대로 안 되는 것은 즉각 강한 경고를 해야 합니다. 예를 들면 과도하게 흥분하여 가위를 던지거나 칼을 드는 행동, 깨지는 물건을 던지거나 창문이나 베란다 틀에 올라가는 등의 행동은 즉각 강한 경고를 해야 하는 행동입니다. 이때 아동에게 이유를 물어 본인의 행동을 합리화하도록 기회를 주면 안 됩니다. 아동에게 얼마나 화가 났으면 그랬는지를 공감하는 것도 잘못된 양육 태도입니다. 이런 상

---

1 자연적 훈육: 본인 행동의 결과를 직접 경험하도록 놔두고, 결과를 체험하며 자신의 행동을 바꿔야겠다는 인식을 자발적으로 하도록 하는 것

황은 즉시 경고해야 합니다. 그것은 절대적인 사회적 규범이며, 다시는 하지 않아야 하는, 자신과 타인의 안전에 해를 끼치는 행동이기 때문입니다.

(5) 과잉행동과 충동성이 일어나는 자극점 알고 지도하기

과잉행동이 이미 일어났을 때, 날뛰는 아동을 멈추게 하는 것 보다 날뛰게 하는 자극을 없애거나 줄이는 것이 훨씬 예방적이고, 아동의 안전과 양육자의 에너지를 보호할 수 있습니다. 다음은 과잉행동과 충동성 문제를 가진 아동의 자극점과 행동, 지도방향의 예시입니다.

자극점과 행동	지도방향
키득거리는 친구를 보면, 그 자극보다 더 강한 반응을 하면서 과장되게 장난치는 아동	· 약간의 장난이 허용되는 시간, 장소를 알려주기 · 약간의 장난까지 모두 통제하면, 반작용으로 몰래 하는 장난 행동을 하면서 만족감이 충족되기 때문에 무조건 모든 장난을 통제하는 것은 금물 · 키득거리는 장난을 칠 때 무엇이라도 말하고 행동하는 것이 시작되었으므로 적절한 말을 할 기회, 행동할 기회를 주기

자극점과 행동	지도방향
키득거리는 친구와 눈 맞춤이 시작되면서 장난치는 아동 (물건 던지기, 말로 놀리기 등)	· 빠른 반응을 원하는 아이들은 놀리기, 싫어하는 행동을 하여 반응을 유도하는 특징을 보임 · 아이들의 신경질적 반응을 장난으로 즐기는 특징이 있으므로 과잉행동 문제를 가진 아동과 예민한 아동이 직접 부딪치는 환경을 줄이기 · 빠른 반응을 긍정적으로 해줄 수 있는 또래 혹은 양육자와의 활동패턴 만들기
놀리거나 깐죽거리는 친구가 공격한다고 생각해 즉각 소리를 지르거나 흥분하는 아동	· 외부 자극에 민감한 유형으로, 부정적인 자아 개념(자신에 대한 정의)을 갖고 있거나 다른 사람의 의도를 왜곡해서 인지하는 특징을 지님 · 외부 자극에 대해 참고 무시하는 것이 아니라, 적절하게 피하는 방법, 의도를 확인하는 질문 등 직접적인 사회적 기술 가르치기
친구들이 집단으로 놀면 방해하고 화를 내는 아동	· 소속되지 못하는 상황 또는 자신의 또래 서열에서 느끼는 어려움이나 불만이 있는지 조용한 대화와 관찰을 통해 살펴주기 · 함께 소속되고 놀고 싶은데 사회적 기술이 부족하여 훼방하는 미숙함이라면, 접근하고 개입하는 구체적인 방법 알려주기

자극점과 행동	지도방향
큰 목소리를 들으면 즉각 달려가서 같이 놀고 싶어 하는 아동	· 자극을 추구하거나 힘 있는 아동을 추종하는 아동이라면, 과잉행동의 원인은 놀이하고 즐거운 활동을 하고 싶은 욕구일 수 있음 · 스스로 선택하고 생각하여 결정하는 자율성이 낮거나, 놀이력이 낮아 자극과 힘을 의지하며 놀이하는 아이일 수도 있음 · 과잉행동을 하지 말라는 훈계보다는 놀이와 활동 방법을 알려주고, 놀이력을 높여주기
큰 목소리의 사람으로 인해 자신의 목소리가 조절되지 않고 더 커지는 아동	· 대부분 자신의 목소리가 큰지 잘 모름. 자신의 목소리와 행동이 얼마나 과잉되었는지 스스로 느끼는 것에 둔감함. · 다른 사람의 목소리와 행동을 불편하게 생각하지 않기 때문에 같이 흥분하고 같이 과격해지는 놀이를 즐기기도 함 · 자신의 목소리와 행동의 강도를 객관적으로 알 수 있도록 아이들이 함께 놀이하는 모습을 영상으로 찍고, 자신의 모습을 객관적으로 보는 비디오 모니터링을 통해 자기인식을 하는 것이 도움 됨

(6) 과잉행동과 충동성이 자극되는 상호작용 알고 지도하기

과하게 들이대며 말하거나 행동하는 아동을 귀여워하며 과잉행동을 받아주는 사람이 있다면 과잉행동은 더 과해집니다. 과하게 접촉하는 아동이 안쓰러워 안아주거나, 불편하다는 거절을 하지 못하고 장난치듯 접촉을 떼는 방식으로 상호작용하면 거친 접촉이 애정 신호가 됩니다. 과하게 큰 목소리로 웃거나, 펄쩍 뛰면서 신남을 표현하는 아동을 보면서 아이답다고 생각하며 허용해주면 아동은 그 정도의 표현이 적절한 줄 압니다.

과잉행동/충동성이 자극되는 환경
- 과잉행동을 해도 아무런 제재를 받지 않는 환경
- 과잉행동을 했을 때 되려 멋있어 보이는 환경
- 과잉행동을 했을 때 쾌감 성취, 승리, 복수 등 이 느껴지는 환경
- 과잉행동을 했을 때 자신이 얻는 것이 있는 환경
- 과잉행동을 했을 때 서열이 높아지는 환경
- 과잉행동을 했을 때 하기 싫은 것을 피할 수 있는 환경

아이의 쾌활함은 수용하되, 적절한 강도와 표현법을 지도해야 합니다. 아동이 접촉을 좋아한다면, 나이에 맞는 친근한 표현을 나누는 접촉방법을 알려줍니다(손잡기, 등 토닥이기, 눈웃음지으며 마주 보고 웃기, 손뼉 치며 파이팅하기, 포옹하며 위로하기, 어깨동무하기 등). 경쟁구조에 있는 또래 혹은 형제자매와 대결이나 경쟁 게임을 하게 되면, 게임에서 졌을 때 갑작스러운 주먹다짐이나 욕설 등의 충동적인 행동으로 공격하거나, 자신의 아쉬운 감정을 과한 부정적 감정으로 분출할 수 있습니다. 이 경우, 경쟁이 한쪽으로 치

우치지 않도록 서로가 잘하는 것으로 동등하게 경쟁 게임을 즐기도록 가이드를 해줍니다. 수준 차이가 난다면 공정한 게임이 되도록 수준을 맞춰 게임이 시작되도록 규칙을 정해주거나, 대결의 승부를 예측하고 시작하도록 미리 안내해주는 게 좋습니다.

또한 과잉행동 속에 숨은 어려움이 있다면, 미숙한 부분을 가르쳐주어야 합니다.

미숙한 사회적 능력 때문에
과잉행동/충동성이 강화되는 상황들
- 감정조절방법을 몰라서 과잉행동으로 분출하고, 편안해지는 상황
- 언어로 표현하는 요청과 부탁하기가 미숙하여, 과잉행동으로 답답함을 표현하는 상황
- 또래를 사귀는 방법이 미숙하여 과잉행동으로 관심을 끌며 관계를 맺을 수 있는 상황
- 힘든 마음이나 욕구를 과잉행동으로 표현하면서 도움을 받았던 상황
- 과잉행동으로 드러난 신체 유능성 덕분에 자신을 긍정적으로 드러낼 수 있는 상황
- 강렬하게 짜증을 내거나 가만히 있지 못할 때, 진정하라고 먹을 것을 받았던 상황

3
ADHD 집단지도

ADHD 아동을 집단으로 지도할 때 힘든 점은 여러 명의 아동을 양육해야 하는 일과가 있는 상황을 ADHD 아동들이 고려하지 않으며, 양육자의 설명을 듣지 않으려고 하다 보니 하루 일과에 문제가 생긴다는 점입니다. 아동이 흥분하여 과잉행동이나 감정폭발을 보이기 시작하면 흥분을 진정시키고 훈육을 지도하기까지 시간이 오래 걸리기도 합니다. 초등학교 고학년 이상의 아동일 때 아동들의 거친 욕설과 행동은 양육자에게도 위협이 되기도 합니다. 그래서 양육자들끼리의 안정적인 질서와 훈육에 대한 절차와 방법의 일치가 필요합니다. 또한, 양육자가 한 팀이 되어, 서로를 지지해주며 아동과 끝까지 동행하며 문제해결을 할 수 있도록 한 팀이 되어주셔야 합니다.

(1) 양육상황과 일과의 분명한 분담 & 문제상황 대처법 정하기

아동양육시설은 2명의 양육자 또는 여러 명의 양육자가 함께 양육하고 있는 상황입니다. 따라서 서로 양육상황이나 양육 일과를 분명하게 분담하고 문제 상황이 생겼을 때, 대처하는 서로 간의 약속이 분명히 있어야 합니다. 아동이 문제행동을 일으켰을 때 양육자들끼리 분주하거나 양육자들 사이에 분쟁이 생기거나 누가 아동을 담당할지 눈치싸움을 하고 있다면, 그 상황은 이미 아동을 담아내지 못하는 권위 없고 힘없는 양육환경이라는 것을 아이에게 보여주는 것입니다. 아동양육시설 아동들은 다수의 양육자를 경험했던 다양한 경험이 있어, 양육자의 태도와 양육지도의 수준을 보며 사람을 파악하는 눈치가 빠릅니다. 그러므로 양육자들이 서로 ADHD 아동 지도를 미루는 것은 현명하지 않으며, 한 명에게 모든 아동을 맡긴다고 미안해하며 이도 저도 못 하는 상황을 오래 끄는 것은 도움이 되지 않습니다. 아동을 1:1로 훈육해야 하거나 지도에 시간이 걸리는 상황이 있다면, 서로 탄력적으로 다른 아동들을 부탁하고, ADHD 아동과 상황을 마무리해야 합니다.

시간, 상황, 감정에 대한 양육자들의 논의가 필요합니다. 아동이 하기 싫은 공부를 하라고 했다고 난리를 치며 흥분할 때 어떤 양육자는 진정할 시간을 주며 못한 공부는 내일 하라는 반면, 어떤 양육자는 진정할 시간을 주지 않은 채 기를 꺾는 방식으로 접근한다면 양육자들의 훈육방법이 불일치하여 아동이 어떻게 반응해야 할지 선택할 수 없기 때문입니다.

양육자간 함께 정해야 할 것들

- 흥분된 감정을 진정하는 장소 정해진 대방석 자리, 공간 등
- 흥분된 감정을 진정하는 시간
- 흥분된 감정을 진정하고 꼭 해야 하는 것과 내일 해도 되는 것
- 흥분된 감정을 표현하는 말과 행동 중 절대 하지 않아야 하는 것
  아무리 흥분되어도 절대 해서는 안 되는 말과 행동, 그에 대한 양육자의 훈육방법
- 절대 해서는 안 되는 말과 행동에 대한 벌 반성문, 조용한 시간 갖기, 청소 등

(2) 평균 목표수준을 정하고 지도하기

ADHD 아동이 하기 싫은 공부를 할 때 아동도 쉽지 않고 그것을 하도록 지도하는 양육자도 무척 힘듭니다. 하기 싫은 마음도 있는데다, 흥미 없는 일에 주의를 기울이는 것이 힘든 어려움을 동시에 갖고 있기 때문입니다. 어느 날은 아동의 컨디션이 좋아 학습지를 10분 만에 했지만, 어떤 때는 같은 수준과 분량을 1시간 동안 하기도 합니다. ADHD 아동은 컨디션과 마음 상태에 따라 흥미가 없는 일에 집중하는 정도와 지시를 따르기 싫은 저항감 변동이 큽니다. 그러므로 아동을 향한 기대와 목표 수준을 정할 때 가장 좋은 컨디션일 때를 목표로 잡는 것이 아니라, 가장 컨디션이 좋을 때와 가장 안 좋을 때의 중간치로 목표설정을 하는 것이 안전합니다.

아동이 목표 수준보다 과제를 더 빨리하거나, 집중해서 잘한다면 우리는 확실한 칭찬과 인정을 해주어 아동의 자존감을 지지해 줄 수 있습니다. 또한 아동이 목표수준보다 약간 낮은 컨디션일 때, 아동이 아무리 하기 싫어 미루더라도 기본적인 학습량이라 규칙을 수용하고 지켜야 한다는 기준을 알려줄 수 있습니다.

(3) 규칙이 명료하고 간단한, 즐거운 놀이 시간 만들기

ADHD 아동은 놀이에 높은 흥미나 함께 어울리고 싶은 적극적인 모습을 보일 수 있습니다. 그러나 또래들과 놀이에서 충동적으로 규칙을 어기고 과잉된 행동을 하다가 의도치 않은 불편한 상황을 만들기도 하다 보니, 또래들이 놀이에서 ADHD 아동을 거부하기도 합니다. 사회성을 발달하는 아동기에 또래에게 거부되는 경험은 매우 좋지 않습니다. 또래 관계에서 거부되는 경험이 많은 아동의 경우, 또래에 대한 부정적 경험이 반복되면서 친구들이 자신을 좋아하지 않거나 거절할 것이라는 사고방식이 자리 잡게 됩니다. 그래서 타인의 의도를 부정적으로 판단하고, 거절당할 것을 막기 위해 자신이 먼저 공격하거나 부정적으로 행동하는 방어적 태도가 강해지기도 합니다. 아동 처지에서는 자신이 사회관계에 어울리고자 노력을 했음에도 불구하고 거절되는 것보다는, 노력하지 않아 거절되는 편이 상처를 덜 받을 수 있기 때문입니다.

그래서 ADHD 아동들이 또래 관계를 긍정적으로 시작하여 마치

도록 다른 친구들에게 ADHD 아동들과 즐겁게 놀이하는 방법을 안내해주어야 합니다. 이를 위해서는 자유로운 놀이 혹은 경쟁적인 놀이보다는 간단한 규칙이 있는 놀이, 짧은 시간에 반복해서 여러 번 할 수 있는 게임이나 놀이, 이기고 지는 게임이지만 단순해서 져도 재밌는 놀이 등 서로가 편안한 놀이를 하며 관계 형성을 하도록 도와줍니다.

(4) 서로 부정적 자극을 주는 또래와는 분리하기

ADHD 아동이 집단에 여러 명 있는 경우, 자석이 달라붙듯 서로를 자극하고 자극에 반응하며 같이 산만해질 수 있습니다. 잠깐의 장난스러운 행동이 놀이가 되고 놀이가 싸움이 되기도 하며, 민감성이 높은 ADHD 아동의 경우 하기 싫은 것을 할 때 소소한 주변 자극에 흥분하여 짜증을 내기도 합니다. 부정적인 자극을 주는 또래와 분리하는 구체적인 방법으로 다음과 같은 것이 있습니다.

- 다른 방에서 공부하기, 다른 학원가기 등
- 떨어진 자리에서 밥먹기
- 같은 활동 경쟁시키지 않기
- 억지로 친하게 지내도록 하지 않기

(5)강점을 놓치지 않기

ADHD 아동들이 갖는 총명하고 빛나는 강점들이 있습니다. 말하고 싶어 하는 것이 많다 보니 말을 유창하게 잘하기도 하고, 농담이나 재밌는 이야기도 많이 알 수 있습니다. 생각나는 것을 불쑥 이야기하는 충동성은 때로는 갑작스럽게 좋은 아이디어를 내어 재밌는 발상을 시도하는 유쾌한 도전을 만들어내기도 합니다. 또한, 활동성 높은 아동들은 무엇인가를 만들거나 조작하는 것을 계속하면서 종이, 가위, 점토, 레고, 갖가지 도구를 이용해 자신이 원하는 것을 뚝딱 만들어내기도 합니다. 신체 활동성이 뛰어난 아이들은 격한 운동이나 경쟁적인 운동을 두려워하지 않고 참여하기도 합니다. ADHD 아동의 끊임없이 무엇인가를 하려고 하는 특징은 다른 사람보다 같은 시간에 많은 것들을 직접 하려고 하는 실행력에서 단연 앞서기도 합니다.

즉 ADHD 아이들의 과잉행동, 충동성, 주의력이 부족한 부분으로 인한 일상적 어려움 때문에 다른 측면에서 순기능이 있는 모습을 무시하면 안 됩니다. 바로 그 지점에서 아이들이 자신에 대한 긍정적인 관점과 자신감이 시작될 수도 있기 때문입니다.

4
ADHD의 아동과
예측가능한 양육자의 양육태도

'모든 인간은 자신이 좋아하는 사람의 말을 귀담아 듣는다'는 애착과 동기 이론을 생각해볼 필요가 있습니다. 모든 인간은 정서적으로 같은 감정을 느끼거나 감정을 교류할 수 있는 성인과 애착을 맺습니다. 유아기 아동은 신뢰하는 사람을 모방하고 자신이 선택한 좋아하는 사람을 기쁘게 하려는 외부적인 동기를 가지고 도덕적 규범들을 익혀 나갑니다.

(1) 시간과 일과에 대한 예측가능성

애착이라는 정서적 유대감은 정서적 측면이 중요하지만, 그 전에 신뢰라는 것이 관계에서 형성되기 위해서는 예측 가능성이라는 안전감이 먼저 만들어져야 한다는 것을 기억해야 합니다. 예측 가능성은 양육자가 나한테 이렇게 할 거라는 것이 예측이자, 안전과 연관됩니다. 그래서 영아기 아이들에게 애착 형성 과정에서 같은 시간에 수유하고, 안아주고, 재워주는 생리적인 리듬을 일관적으로 지키며 반응해주는 게 중요합니다. 아동양육시설의 경우 같은 시간표대로 아동들이 움직이는 집단양육시설이기 때문에 같은 시간과 일과는 쉽게 만들어지지만, 이를 안내하는 양육자가 분주하거나 일어나서 세수하고 식사하는 등의 과정에서 하루 세부적인 순서가 달라지는 어수선함이 있을 때 아동들은 불안정해집니다. 특히 ADHD 아동들은 이런 소소한 순서의 변화에 바로 주의를 기울이는 것이 매우 약하기 때문에, 순서를 지키는 것이 매우 중요합니다.

(2) 기대하는 행동 & 양육자의 반응에 대한 예측가능성

아동을 칭찬하거나 접촉할 때 갑자기 기분 따라 칭찬하거나 애정 표현을 하는 것보다는, 양육자가 어떤 행동을 기대하고 칭찬하는지 아동이 알도록 일관적인 행동 하나를 정해서 칭찬하면 좋습니다. 이러한 양육자의 정서 반응 역시 예측 가능할 때, 아동은 안정감을 느낄 수 있습니다. 양육자의 예측 가능한 반응이란, 너무 흥분되지도 너무 침울하지도 않은 정도의 안정성으로 말할 수 있습니다. 기분이 좋을 때 양육자의 기분표현이나 각성 수준이 아동을 꾸중하거나 건강이 좋지 않을 때의 수준과 크게 차이 난다면, 아동은 양육자의 기분 고저를 확연하게 느낄 것입니다. 반면에 큰 차이가 없을 때 아동은 양육자를 안정적인 사람이라고 생각할 것입니다.

양육자가 기분이 좋을 때는 너무 흥분하거나 크게 웃거나 깔깔거렸다가, 화가 나거나 훈육을 할 때 과도하게 무서워지거나 냉담해진다고 상상해 봅시다. 아동은 양육자의 기분 편차가 너무 커서 어느 장단에 맞춰야 할지를 예측하지 못하거나, 상대적으로 기분이 좋을 때와 기분이 나쁠 때의 간극 차이가 너무 커서 불안해할 수 있습니다. 반대로 양육자의 기분이 늘 저조하고, 무표정하여 아동이 도무지 양육자의 기분과 상태를 알아차릴 수 없는 경우, 아동은 양육자가 나 때문에 화가 났는지 살피고 기분이 안 좋은가 눈치를 보게 됩니다. 양육자가 칭찬할 때조차 기분 좋은 각성이 나타나지 않으면, 이 말이 칭찬인지 아동은 확인할 수 없습니다. 특히 ADHD 아동의 경우 다른 사람의 감정이나 표정을 주의 깊게 관찰하지 않기 때문에 미적지근한 반응은 아이에게 명료한 메시지를 전달하지 못합니다.

(3) 애정표현에 대한 예측가능성

아이들에게 정서적 안정은 모든 행동문제에 있어 바탕과 초석이 됩니다. 양육자들의 애정표현은 아이들에게 좋지만, 양육자의 기분과 감정의 분출로 아이에게 애정을 표현하기보다는 안정적인 애정을 나누는 약속이 있는 것이 바람직합니다. 예를 들어, 양육자가 여유가 될 때만 안아주고 밤에 책을 읽어주면, 언제 사랑과 애정을 받을 수 있는지가 일관적이지 않아 늘 사랑을 갈구하게 됩니다.

특히, 양육시설 아동은 일반 가정과 달리 어릴 적부터 한 사람에게서 오는 집중적인 애정이 결핍되어 있기에, 자신에게 집중된 관심과 애정에 갈망이 큽니다. 어떤 경우에는 양육자가 아동들에게 애정을 주면 줄수록 너무 양육자를 의지하거나, 끊임없이 애정을 갈구하는 행동을 보이는 아이들이 생깁니다. 그래서 양육자가 주는 사랑의 양보다는 일관적인 애정 전달이 중요합니다.

일상에서 학교 가기 전이나 다녀왔을 때 포옹을 해주거나 저녁에 씻고 나서 머리를 말려줄 때 애정을 표현하는 것처럼, 일상에서 정해진 일과 중에 의도적인 애정표현을 하는 게 좋습니다. 또한, 저녁에 무섭다고 하면 언제는 옆에 있고 언제는 있어 주지 않는 것보다, 무슨 요일에는 꼭 한 번 곁에 있어 준다는 약속이 좋습니다. 아동이 심하게 떼를 쓰거나 화를 낸 뒤에도 양육자가 몇 분은 기다려주지만, 이후에는 혼자서 진정하는지 여부 등도 마찬가지입니다. 이러한 양육과 애정적 돌봄이 일관성을 띠기 위해서는 여러 양육자의 합의와 약속이 제일 중요합니다. 서로 간의 약속과 질서가 명확하게 정해진 뒤에 애정이 전달된다면, 아동에게는 불안과 산만함을 진정해 줄 정서적 안전기지가 생길 것입니다.

5
ADHD 아동 사례 이야기

사례1> 초등학교 2학년 부주의 우세형 아동

　친구들과 자주 갈등이 생겨 하루에 2-3번은 꼭 싸움이 일어납니다. 대부분 아동이 의도하지 않았지만, 친구들의 물건을 건드리거나 몸을 건드는 등의 불편한 행동이 있다는 친구나 동생들의 불평으로 갈등은 시작됩니다. 양육자가 훈육하면 아동은 늘 "내가 안 그랬어요."라고 말하고, 되려 자신도 억울한 것이 있었다고 호소합니다. 결국 울음을 터뜨려 감정적으로 흥분이 되면서 양육자가 여러 번 설명해도 아니라고 말하다가 한참을 조용한 시간을 갖고 나서야 진정합니다. 그러나 잘못했다는 반성보다는 억울해한다는 느낌이 남아있습니다. 왜 그럴까요?

　ADHD 부주의 우세형 아동 특징을 살펴보면 주의를 기울여 주변을 살피지 않아, 정말 자신이 친구의 물건을 치거나 몸을 건드렸지만 기억나지 않을 수 있습니다. 정말 억울한 상황이 되기도 합니다. 이 경우, 다른 친구들이 봤다고 해도 자신을 좋아하지 않아서 자신을 안 좋게 이야기한다고 생각하기도 합니다.

부주의 우세형 아이를 지도할 때는 실제 부주의한 행동을 아동과 양육자가 확인하고 행동을 수정할 수 있을 때 꼼꼼하게 가르치는 것이 좋습니다. 아동이 자신의 부주의한 행동을 기억하지 못하는 상황에서는 아동에게 "일부러 그런 건 아니야. 미안해~"라고 말하여 상황을 불편하지 않도록 사과하고 지나갈 수 있도록 가르쳐주면 아동은 사회적 기술을 배울 수 있습니다.

사례2> 초등학교 1학년 과잉행동 우세형 남아

하원 후 일상에서 끊임없이 말하고 양육자가 들어주지 않으면 다른 사람한테 가서 말하거나, 심심하면 물건을 마음대로 꺼내놓으며 할 게 없으면 창문에 매달리고 과잉 자극 행동을 하는 아이입니다. 이 아동의 경우, 과잉행동 우세형으로 끊임없이 자극을 추구하는 아이입니다. 즉, 무엇을 해야 할지 모를 때, 몰두할 것이 없을 때 가만히 있지를 못하다가 하지 않아야 하는 행동을 하게 되는 경우입니다.

이 경우, 자유시간에 마음대로 놀라고 하기보다는 할 거리를 제시해주거나 여러 개의 할 놀이와 활동을 정해 몰두할 수 있는 자극을 정해주는 것이 좋습니다. 그러나 계속하고 싶은 것만 할 수는 없기에 하고 싶은 것을 10분 했다면, 해야 할 것도 10분 하고 다음에

하고 싶은 것을 다시 10분 하면서 좋은 것과 싫은 것을 번갈아 하는 것이 도움이 됩니다.

과잉행동 우세형 아동은 활동 공백이 생기는 시간을 자신이 효과적으로 조절하기 힘듭니다. 그러므로 활동하는 시간과 이완하는 시간이 정해져 있어 오래 무료하지 않도록 하는 것이 예방적 훈육이 됩니다. 특히, 하기 싫은 것을 지도할 때는 그다음 바로 씻거나 자는 등 일과가 끝나도록 하기보다는, 하기 싫은 것을 한 다음 원하는 활동 책읽기, 대화하기 등 을 할 수 있도록 합니다. 하고 싶은 것을 하기 위해 만족을 지연하며 조절하도록 지도하는 방법이 효과적이기 때문입니다.

사례3> 초등학교 5학년 충동성 우세형 남아

학교 수업 시간에 하기 싫거나, 자신의 질문에 답변을 해주지 않으면 소리를 지르거나 거친 행동을 하는 충동성이 우세한 아동입니다. 우선, 하기 싫은 것을 해야 하는 상황부터 인내심이 낮아 불편감이 있는 상태로 출발합니다. 수업 시간에 자신의 질문에 대답해 주지 않는다는 것이 방아쇠가 되면서 억지로 하기 싫은 것을 참고 있는 마음이 충동성으로 나타나게 된 경우입니다.

이 경우, 우선 자신의 불편한 상태가 원인이 무엇인지를 아동이

모를 수 있습니다. 대답을 해주지 않았다고 화를 내지만, 실제는 하기 싫은 상황 자체가 원인일 수 있습니다. 충동성이 높은 아동이라면 자신이 무엇을 불편해하는지를 알아차리도록 도와주는 단계가 필요합니다. 그 후에 하기 싫지만 참고 앉아 있으려고 애를 쓴 행동을 격려하고, 힘들 때 어떻게 도움을 요청해야 하는지를 구체적으로 가르쳐주어야 합니다.

예를 들면 답답하고 힘들 때는 질문할 수 있지만, 질문하는 시간이 아니라면 텀블러를 꺼내서 물을 마시거나 잠시 화장실에 가서 세수를 하고 오는 것은 어떤지 선생님께 물어보게 하는 등 함께 방법을 찾아보는 것입니다. 또한, 정서적 거절에 취약한 ADHD 아동이라면 '네가 짜증을 내기보다는 부탁하는 말로 요청한다면 훨씬 너의 이야기를 수용할 수 있다'라는 것을 알려주고, 친절하게 말할 때 의도적으로 친절하게 수용하는 태도를 보여주어 직접 경험을 통해 조절의 필요성을 배우게 할 수 있습니다.

3장

경계선 지능

1
경계선 지능 바로 알기

경계선 지능 Borderline Intellectual Functioning 이란, 지능검사를 했을 때, 지능지수가 평균과 지적장애 수준 경계에 있는 지능을 의미합니다. 널리 사용되는 웩슬러 지능검사 Wechsler Scale of Intelligence 를 실시했을 때, 평균과 경계선 지능은 다음 그래프에서 볼 수 있습니다.

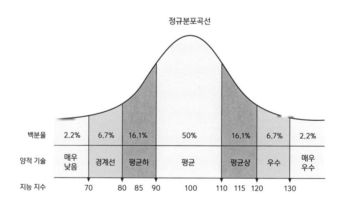

백분율	2.2%	6.7%	16.1%	50%	16.1%	6.7%	2.2%
양적 기술	매우 낮음	경계선	평균하	평균	평균상	우수	매우 우수
지능 지수	70	80 85	90	100	110 115	120	130

경계선 지능을 가진 아동을 현재는 느린학습자라고 호칭하고 있습니다. 2015년부터 [초중등 교육법 개정안]에서 느린학습자 지원법으로 발의되었으며, 2021년에는 [기초학력보장법]을 통해 느린학습자에 대한 맞춤형 학습지원을 하고 있습니다. 경계선 지능을 가진 아동

을 느린학습자라고 하는 이유는 경계선 지능을 가진 아동이라는 말이 아동에게 부정적인 선입견을 주며, 실제 일반 지능을 가진 아동과 비교해 학습적으로 느려 어려움을 겪기 때문입니다. 이 지점에서 경계선 지능에 대한 몇 가지를 명료하게 인식하고 갈 필요가 있습니다.

　이전에는 경계선 지능은 지적장애였습니다. 그러나 1973년도에 미국정신지체 협회에서 지적장애에 해당하는 아동 중 사회적응 행동능력이 높은 아동의 경우 정신지체로 볼 수 없다고 판단하여, 지적장애군에서 배제하였으며, 이로 인해 특수교육대상자가 아닌 일반 교육대상에 속하게 되었습니다. 경계선 지능을 가진 느린학습자 아동은 경도 지적장애와 차이가 크지 않습니다. 아래 그림에서 볼 수 있듯이 지적장애 3급에 해당하는 아동의 경우, 성인이 되어도 인지적 수준과 사회적 수준이 낮게는 8세 수준에 그치며, 기질적으로 순하고 반복적인 훈련을 습득한다고 해도 초등학교 6학년 수준에 그칩니다. 즉, 경계선 지능을 가진 아동의 경우 정상지능은 아니기에 인지적, 사회적 결함이 분명히 있습니다.

IQ	분류
130 이상	고지능자
120-129	우수
110-119	평균상
90-109	평균
86-89	평균하
70-85	경계선 지능
50-69	경도 지적장애
35-49	중증도 지적장애
20-34	고도 지적장애
19 이하	심도 지적장애

정상지능

지적장애

경계선 지능 아동과 학습부진아를 혼동하는 경우가 있습니다. 경계선 지능 느린학습자 아동은 지적 능력의 결함으로 인지적, 학업적, 사회적, 정서적 어려움을 보이는 아동을 말합니다. 그러나 학습부진아의 경우 지능이 평균 지능이고 능력이 제한적이지 않으나, 교육적 지원이 없었거나 개인적으로 꾸준한 학습성취기회가 적어 학습이 부족해진 아동을 말합니다. 또한, 특정 학습장애 아동도 있습니다. 특정 학습장애 아동은 평균지능을 가져서 기본적인 학습에는 어려움이 없으나 특정한 읽기, 쓰기, 수학 등에서 부분적 학습기능의 이상이 있거나 난독증 등의 학습장애를 지닌 아동을 의미합니다.

경계선 지능 아동의 특징은 다음과 같습니다.

1) 인지적 특징

- 주의집중 어려움
- 기억유지 어려움
- 저조한 기억능력
- 복잡한 인지능력 어려움
- 개념학습과 추상적 사고 어려움
- 전략적 문제해결 어려움
- 종합적 상황 판단 어려움

경계선 지능 아동은 인지능력에 한계가 있습니다. 특히, 일대일의 양육환경이 아닌 집단양육환경에서는, 한 아동을 계속 개별지도 해줄 수가 없어 더욱 한계가 있습니다. 경계선 지능 아동의 경우, 3학년까지의 기초학력을 배우는 과정에서도 한글을 읽고 쓰는 등의 언어능력에 숙달하는 데 오래 걸리며, 3학년이 되어서도 받침을 틀리거나 글을 이해하기 어려워하기도 합니다. 또한, 숫자에 대한 개념을 이해하기 어려워해서 초등학교 3학년이 되어도 손가락으로 숫자를 더하고 빼는 모습을 보이기도 합니다.

양육자가 이해해야 할 점은 곱하기 등의 구구단은 단순 암기로 가능하지만, 세 자릿수에서 두 자릿수를 더하고 빼는 셈하기, 십의 자리를 올리고 내리는 복잡한 셈하기는 인지적인 조작능력을 발휘해야 할 수 있는 영역이라는 점입니다. 그래서 경계선 지능 아동이 단순했던 더하기 빼기 등의 연산은 잘하다가, 과정이 복잡해지면 풀이를 이해하지 못하거나 혼자 숫자를 계산하기 힘들어합니다.

경계선 지능 아동은 지능이 낮아서 ADHD가 아니라도 주의를 기울이는 게 어렵고 단기기억력도 짧습니다. 유아기의 인지발달수준인 전조작기 사고에서 경험한 것을 토대로 기억하고 보고 듣고 따라 하는 단순한 인지능력을 갖고 있으나, 구체적 조작기인 학령기 인지능력을 모두 이해하고 숙달하는 것은 어렵습니다. 평균 지능을 가진 아동의 경우, 초등기에 개념 어휘를 숙지하고 쓰임을 알지만, 경계선 지능을 가진 아동은 개념 어휘를 이해하거나 논리적인 생각을 통해 같은 것끼리 묶어 생각하는 유목화나 무엇이 중요한지 판단하는 서열화 등의 복잡한 인지능력을 발휘하기 힘듭니다. 그래서 일반 초등 고학년 아동들이 하는 추론적 사고와 가설적 사고는 경계선 지능 아동에게 매우 어렵습니다.

즉, 경계선 지능을 가진 아동을 지도할 때는 인지적으로 보이는 것, 이전에 경험한 것을 기억하기 등의 단순한 설명과 이야기로 풀어가는 것이 중요합니다.

2) 정서적 특징

- 순진하고 사람을 좋아함
- 어린 아이처럼 고집을 부림
- 잘 토라지고 서운함 쉽게 표현
- 쉽게 잊거나 용서함
- 쉽게 도와달라고 의존함
- 눈치없이 행동하거나 표현함
- 참을성이 부족하고 스트레스에 취약함

경계선 지능 아동은 사람을 좋아하고 의존하며, 다른 사람의 숨은 의도와 말의 의미를 파악하지는 못합니다. 사람들에게 쉽게 다가가서 잘 믿고, 사람들의 사회적 관심을 좋아하는 경계선 지능 아동은 유아기와 초기 아동기에 순하거나 사람을 좋아한다는 인상을 주고는 합니다. 다른 사람의 숨은 의도를 모른다는 것은 누군가를 쉽게 믿거나 누군가를 쉽게 용서하게 하기도 해서 영악하기보다는 순진한 아이로 보이기 때문입니다. 그렇지만 복잡한 사고를 어려워하는 경계선 지능 아동은 자신이 원하는 것을 해주지 않으면 쉽게 토라지거나 삐치는 유아기적 정서발달 특징을 보입니다.

초등학교 저학년까지는 귀엽다거나 기분을 솔직하게 표현하는 아이로 비추어지기도 하지만, 초등학교 고학년에선 고학년임에도 불구하고 미숙한 정서적 행동[1]이 나타나면서 또래와의 사뭇 다른 정서발달 수준을 느끼게 합니다. 그래서 경계선 지능 아동이 학업 스트레스가 높아지거나 사춘기라는 발달적 혼란시기가 되면 때로 대책 없는 떼쓰기와 화내기같은 미숙한 정서를 보입니다. 아동양육 시설은 양육자와 아동의 일대일 관계에서 정서를 어떻게 인식하고 다루어야 할 것인가, 어떻게 표현할 것인가를 꾸준히 배우고 조절하기에는 한계가 있어서 더욱 정서조절이 미숙할 수 있습니다.

3) 의사소통 특징

- 어휘력 부족
- 사회적 감수성 눈치 이 없음
- 질문의 의도를 이해하기 어려움
- 타인의 숨은 의도 이해하기 어려움
- 상황에 적합한 대인 간 문제해결 방법 모름
- 다른 사람들이 말하는 방식을 따르고 모방함

---

1 미숙한 정서적 행동: 토라지거나, 논리적인 이유 없이 친구가 자신이 원하는 것을 해주지 않는다는 이유로 싫어하거나, 갑자기 누군가와 친해지려는 분별없는 정서표현

경계선 지능 아동은 낮은 지적 수준 때문에 어휘력이 낮고, 문맥의 흐름과 글을 이해하고 해석하는 게 힘듭니다. 또래들이 사용하여 자주 듣고 익숙한 말들은 빨리 배우지만, 다양한 어휘가 나오는 책을 읽고 이해하거나 어른의 복잡한 설명을 이해하는 것은 어렵습니다. 이러한 어려움은 인지적 한계와 연결되면서, 책을 읽고 느낀 점을 말하기와 책 내용의 이야기를 일어난 순서대로 말하기, 육하원칙에 따라 말하기를 경계선 지능 아동이 스스로 해내기란 거의 불가능에 가깝습니다.

양육자와 끊임없이 반복 연습하고 훈련하여 느낀 점을 이야기하는 방법, 육하원칙에 따라 이야기하는 방법을 경계선 지능을 가진 아동이 학습할 수는 있습니다. 그러나 이는 암기나 경험기반의 인지적 이해일뿐, 왜 이렇게 해야 하는지는 파악하지 못합니다. 경계선 지능 아동을 지도할 때 현재 일어난 일이 아닌 미래를 추측하고, 보이지 않은 감정과 타인의 생각을 짐작하는 추론적 사고가 필요한 학습은 어른의 도움 없이, 연습 없이는 불가능하다는 것을 기억해야 합니다.

경계선 지능을 가진 아이들이 때로는 또래 아이들처럼 유창하게 말하거나 말로 대들며 조목조목 따지거나 하는 내용을 가만히 들어보면, 개념적 어휘보다는 일상적으로 반복해서 말하고 들었던 어휘들로 구성되어 있을 것입니다. 적응적 능력이 높은 경계선 지능 아동은 쉽게 또래문화와 또래들의 의사소통방법을 배워서 때로는 인지적으로 의사소통이 어려운 아이가 맞나 의심이 들 정도로 말을 잘한다고 느낄 수 있습니다. 그러나 다른 사람의 말의 의도와 숨은 의미를 파악하는 추론적 사고는 어려워 자신의 주장만 하고, 다른 사람의 설명이나 말을 듣고 조율하는 대화 방향으로는 나아가지 못합니다. 따라서 경계선 지능 아동에게는 일상에서 사용하는 어휘를 정확하게 이해하고 있는지도 확인해야 하며, 학습에서 사용하는 어휘를 배우는 연습을 추가로 해야 합니다. 그러나 인지적 한계로 인해 이와 같은 훈련을 지속한다고 상위학습능력을 갖출 수 있는 것은 아니니, 아이들에게 무리한 기대와 목표설정은 하지 않아야 합니다.

4) 정확한 지능검사 필요

꼭 기억해주세요

경계선 지능은 지능검사 상의 지능지수로 진단하는 것이므로, 웩슬러 지능검사를 실시하지 않은 채 진단할 수 없습니다. 정확한 진단을 위해서는 지능검사는 필수입니다. 단, 아동이 심각한 방임이나 학대 등의 외부 자원의 결핍이 환경적인 인지발달에 큰 영향을 미쳤을 경우는, 검사 후 개별적인 치료와 학습지원, 양육자의 정서적 지원을 1년 이상 꾸준히 받은 뒤 재검사를 해야 합니다. 아동의 잠재력이 결핍과 외상으로 충분히 발휘되지 않았을 수도 있기 때문입니다.

특히, 지능검사가 경계선 지능범주 70-80 와 평균하 80-90 에 걸쳐 있는 지능지수를 보인다면, 충분한 학습과 정서 지원을 통해 아동의 잠재력을 재검사 시 확인해 볼 수 있습니다. 단, 지능검사는 검사자체가 학습될 수 있으므로 1년 이상의 간격을 두고 재검사를 해야 합니다.

2
경계선 지능 아동의 양육지도

경계선 지능 아동 양육에서 중요한 것은 현재가 아닌 미래 아이가 살아갈 사회적 적응력과 기술을 익히도록 장기적 시간을 갖는 것입니다. 경계선 지능 아동은 느리지만 자신만의 속도로 배워가는 장점이 있고, 동시에 한계도 있습니다. 따라서 건강한 자아개념과 강점을 발휘한 성취 경험을 쌓는 것은 경계선 아동에게 무엇보다 중요한 생존이자 녹록지 않은 인생 과업입니다. 그래서 양육자는 현재 수학 문제 하나를 더 풀게 하는 것보다 이 아이가 자신의 어려움과 한계에 압도되어 자신의 존재 자체를 부정하거나 위축되지 않도록 마음을 보호하고, 자신의 능력과 현재 수준을 인식하고 발전해가려는 시각을 갖추도록 키워내야 합니다.

1) 연령에 맞는 자조기술 학습 필요

경계선 지능 아동이 자신의 나이에 맞는 자조 기술능력을 갖추고 있을 때, 또래들과 일상과 교실적응 및 사회적응에서 생기는 많은 문제에서 보호될 수 있습니다. 인지적으로 느린 점 때문에 한계가 있으나, 사회 적응적 상황에서 핸디캡이 없다는 것은 자신에 대한 사회적 자신감을 얻을 수 있기 때문입니다. 그러므로 아동이 나이에 맞는 수준에서 스스로 식사를 하는 것, 깔끔하게 먹은 후 주변을 닦고 정리하는 것, 자신의 물건을 정리하고 관리하고 챙기는 것을 지도해주어야 합니다.

  그러나 경계선 지능 아동이 ADHD를 동반하고 있다면, 자조 기술을 배우는 것이 시간이 오래 걸릴 수 있다는 것을 예상해야 합니다. 자조 기술능력은 대·소근육 능력과 사회적 상황에 따른 규범과 상황적 맥락, 타인의 평가를 인지하는 과정이 필요합니다. 이때, 먼저 대·소근육 운동을 꾸준히 반복하여 숙달되도록 하고, 이러한 자조 능력이 왜 필요한지 사회규범과 상황을 인지하도록 설명해주어야 합니다. 예를 들어, 작은 물건을 조심스럽게 다루며 만지는 능력은 반드시 필요한 소근육 운동능력입니다. 하지만 마트에서 장난감은 꺼내어 만져도 되지만, 귀금속 등의 진열품은 꺼내어 만지면 안되는 등, 구체적 허용의 정도에 있어서 사회적으로 조절이 필요한 상황이 있습니다. 경계선 지능을 가진 아동은 이러한 부분을 인지하기 어려워 의도하지 않은 실수를 하는 일이 종종 발생합니다.

2) 또래발달수준을 참고하여 가르치기

아동이 배우는 자조 행동은 수저사용을 넘어 사회생활에 필요한 기본적인 돈 계산, 시간 보기, 물건 관리하기 등을 모두 포함합니다. 양육자는 현재 아동 연령에서 어느 정도의 수행을 해야 하는지 사회적 성숙 기준을 알고 있으면 좋습니다. 아동의 사회적 성숙은 사회적 상황에서 스스로 책임을 질 수 있는가에 대한 능력을 말합니다. 갑자기 어느 순간 스스로 책임질 수 있는 능력이 껑충 뛰는 것이 아니므로, 현재 아동이 자신의 나이와 비교해 능력이 미숙하다면 아동의 수준을 파악하고 꾸준히 지도해주어야 합니다.

다음은 연령별 사회적 성숙 스스로 책임을 질 수 있는 발달능력 기준입니다.

연령	발달능력
9개월	· 간단한 지시를 따른다.
12-13개월	· 양말을 혼자 벗는다.
14-15개월	· 집안에서 물건을 가져오라고 가져오고 갖다 놓으라면 갖다 놓는다.
15-16개월	· 자기 손으로 그릇을 들고 마시고, 숟가락으로 혼자 음식을 많이 흘리지 않고 먹는다.
17-18개월	· 대소변 의사표시를 한다. 종이에 싸인 과자의 종이를 벗기고 먹는다.
18-20개월	· 25개 이상의 단어를 사용하여 짧은 문장을 말하고 계단을 혼자 올라간다.
20-25개월	· 스스로 젖은 손을 수건으로 닦는다. 소변을 가린다.
26-27개월	· 외투를 혼자서 벗는다. 물을 직접 따라 먹는다.

28-32개월	· 외투를 혼자 입는다. 계단을 혼자 내려갈 수 있다. · 젓가락으로 반찬을 집어 먹는다. · 자신의 경험을 간단하게 설명하거나 어느 정도 조리 있게 말한다.
33-38개월	· 혼자서 대소변을 본다. 간단한 옷을 혼자서 벗고 입는다.
39-41개월	· 특별히 입기 힘든 옷이 아니라면 무슨 옷이든 다 스스로 입는다.
만 4세	· 소액의 돈으로 간단한 물건을 산다. · 술래잡기, 팽이치기 등의 경쟁적 놀이를 한다. · 연필로 사람, 집, 나무, 동물을 알아볼 수 있을 정도로 그린다.
만 5세	· 혼자 방에 들어가서 옷을 벗고, 소변을 보고, 잠자리에 든다. · 자신의 이름을 쓸 수 있고, 2-3개 정도의 낱말을 보지 않고 쓸 수 있다. · 머리 감기는 도와주어야 하지만 다른 부분은 스스로 목욕할 수 있다.
만 6세	· 먹을 것을 칼로 잘라서 먹을 수 있다. · 윷놀이, 다이아몬드 게임, 오목 등의 게임을 이해하고 할 수 있다. · 시계를 보며, 대충 등원이나 등교 시간을 안다.
만 7세	· 짧은 글을 읽는다. · 간단한 물건을 사고 정확하게 돈을 내며 거스름돈을 받는다. · 산타클로스, 귀신, 도깨비는 존재하지 않음을 안다.
만 8세	· 친구에게 편지를 쓸 수 있다.
만 9세	· 혼자 집을 볼 수 있고, 방문객을 응대할 수 있다.
만 10세	· 스스로 손톱을 깎고 집안 살림(설거지, 심부름 등)을 한다.
만 11세	· 먼 동네를 혼자 갔다 올 수 있고 버스, 지하철 등의 대중교통을 이용할 수 있다.

3
경계선 지능 아동의 학습지도

1) 강점 인지능력으로 접근하여 가르치기

경계선 지능을 가진 아동 학습을 지도할 때, 가장 중요한 지점은 약점보다는 강점으로 먼저 접근하는 것입니다. 아동의 인지적 강점을 찾는 방법은 종합심리검사 풀배터리 검사 후, 지능검사 자료에서 높게 나온 인지능력을 개발시켜주고 그 능력을 기반으로 다른 것을 배우도록 지도해주는 것입니다. 언어이해능력이 강점이라면, 충분히 구체적으로 설명해주고, 어휘를 배우고 쓰고 익히면서 글을 읽고 쓰며 익혀가는 학습으로 지도할 수 있습니다. 언어로 이해가 되면 보다 잘 수용할 수 있으므로 양육자의 차분한 합리적 설명은 아동의 강점을 지원할 것입니다. 지각추론능력이 강점이라면, 단순하게 외우고 익히라고 밀어붙이기보다는 수학을 배울 때 원리와 개념에 대한 설명에 더욱 신경을 써서 알려주고, 자신의 경험과 궁금한 생각을 풀어나가는 직접적인 사고력과 경험을 통해 인지능력을 계발하도록 도와줍니다. 언어보다는 시각적인 자료가 있거나 계획이 있을 때 보다 효과적으로 학습을 수행할 수 있습니다. 작업기억능력이 강점이라면 이해는 어렵지만 반복적으로 보고 들으며 외울 수 있습니다. 그리고 자신이 기억한 내용을 다시 기억해내며 학습하여 시간이 지날수록 내용을 축적할 수 있을 것입니다. 처리속도능력이 높다면, 눈으로 보고 쓰는 활동을 통해 배움의 속도를 높일 수 있습니다.

이처럼 아동의 강점인지능력을 파악하여, 그 강점능력으로 무엇인가를 배우도록 지도해야 합니다. 만약 강점이 아닌 약점으로 접근한다면 아동은 배움에 대한 좌절을 반복하게 되고, 양육자는 지속적인 지도에도 불구하고 효과가 나타나지 않아 소진될 수 있습니다. 예를 들어 지능검사에서 어휘능력과 이해능력이 낮게 나온 아동에게 끊임없이 국어와 독해를 공부를 하게 하면 이는 학습 무기력만 키우는 일이 됩니다. 언어이해능력이 낮지만 지각추론능력이 높은 아동에게는 그림책의 그림으로 글을 상상해보거나 예상하게 한 후, 글의 목적을 설명하고 세부적인 글을 읽도록 합니다. 그 후 대화하며 읽은 내용을 나누는 것이 의사소통능력에 훨씬 도움이 되는 학습지도방법입니다. 반대로 지각추론능력이 낮은 아동이라면 훈육 시 스스로 생각해보라고 모호한 개방식 질문을 하기 보다는 분명하게 무엇을 하는지 설명하고, 어떻게 해야 하는지를 대신 독후감을 써주고 쓴 자료를 가지고 설명하는 식의 도제식 학습법

을 통해 보다 쉽게 이해시킬 수 있습니다

2) 개념을 쉽게 설명하기

경계선 지능 아동에게는 글보다는 그림 자료가 있을 때 이해가 쉽고, 긴 설명보다는 도식화된 자료가 이해하기 쉽습니다. 학습 내용에 이해가 필요한 것과 개념이 먼저 이해가 되어야 하는 것 그리고 여러 가지를 동시에 생각하며 복잡하게 생각해야 할 것은 이해가 어려우므로 차근차근 개념부터 여러 번 설명해주는 것이 필요합니다.

세 자릿수에서 두 자릿수 빼기 같은 빼기는 더하기보다 경계선 지능 아동에게 어렵게 느껴집니다. 더하기는 현재에서 수가 많아지는 연장선으로 생각해서 외우고 있는 숫자를 생각하면 되지만 빼기는 내가 알고 있는 숫자 기억을 역행해서 사고해야 하기 때문입니다. 이는 먼저 숫자의 순방향의 더하기를 확실하게 이해해야 가능하며, 더하거나 뺀다는 개념이 좌표 0을 기준으로 오른쪽과 왼쪽을 구분하는 개념, 많고 적어진다는 개념과 연결되어야 가능합니다. 이는 '0, 없다, 많다, 더하기, 적다, 빼기' 등이 같은 말을 의미한다는 개념을 이해할 때 가능한데, 경계선 지능을 가진 아동에게는 쉽지 않은 내용입니다. 분수처럼 같은 물건을 동일하게 나눈다는 개념이 들어간 수학, 시간개념을 이해해야 가능한 시간의 더하기 빼기, 수와 양을 표시하는 기호와 단위 등의 개념은 경계성 지능 아동에게 매우 어렵습니다. 이를 반복해서 외울 수는 있지만, 완전한 개념으로 이해하는 것은 오래 걸립니다. 그러나 아이가 경계선수준이지만, 지능이 지적장애에도 걸쳐있을정도로 낮은 수준이라면 불가능합니다.

여기서 이 내용을 자세히 설명하는 이유는 양육자가 아이를 나무라거나 윽박지르는 방법을 선택하지 않아야 한다는 것을 알려드리기 위함입니다. 아이가 집중하지 않아서 못하는 것이 아니며, 노력하지 않아서 못하는 것이 아니라는 점을 기억해주시면 좋겠습니다.

3) 반복하고 또 반복하는 재학습 필요

경계선 지능 아동은 추론적 이해보다는 경험이 계속 축적되면서 이해하는 방식이 우세한 아이들입니다. 설거지를 여러 번 하다 보니 어떻게 설거지를 하는 것이 더 빠르고 깨끗한지 경험을 통해 아는 경험기반 학습자입니다. 그래서 경계선 지능 아동은 쉬운 과정이라 하더라도 계속 반복하는 것이 진도를 나가는 것보다 중요합니다. 경계선 지능 아동의 경우, 초등학교 3학년 수준의 기본적인 국어, 수학, 상식과 같은 학습 내용을 초등학교 6학년까지 온전히 숙지하는 것이 목표일 수 있습니다. 반복하고 또 반복하여 손가락으로 숫자를 세지 않기까지 숫자계산이 능숙해져서 돈 계산을 할 수 있게 되는 것이 아동의 삶에 더욱 중요합니다. 영어 단어를 많이 외워서 늘리는 것보다 알파벳을 정확하게 기억하고, 일상에서 자주 사용하게 되는 외래어를 되풀이하여 보면서 학습하는 것이 유창한 영어회화보다 중요합니다. 그러므로 양육자가 먼저 조바심을 내지 말고, 같은 것을 반복하며 탄탄한 학습기초를 만들어 주는 것이 필요합니다.

4) 과도한 감정적 동기부여와 폭풍 칭찬 삼가기

막연한 칭찬과 노력하면 뭐든 할 수 있다는 말은 경계선 지능 아동에게는 아픈 말이 될 수 있습니다. 경계선 지능 아동은 학습이나 활동면에서 어떤 부분에서는 느리지만, 꾸준히 노력하고 학습하면서 숙달되거나, 없었던 능력을 갖출 수 있습니다. 그러나 어떤 지점에서 과도하게 높은 기대를 하게되면, 노력해도 달성하지 못하게 되어, 기대했던 유능감을 얻기보다는 반대로 좌절감을 크게 느낄 수 있습니다.

예를 들어 경계선 지능 아동은 수학을 열심히 해도 초등고학년 수학과 중등 수학 수준을 이해하고 잘 해낼 수는 없습니다. 영어와 한글은 언어이기 때문에 꾸준히 하면 일상에서 반복적인 재학습이 이루어져 보다 나아질 수 있지만, 수학이라는 학문은 초기 개념이 이해되지 않으면 심화학습을 잘 할 수 없는 교과목이기 때문입니다. 단순히 더하기 빼기를 잘한다고 수학을 잘하는 것은 아니기에 양육자의 과도한 칭찬은 독이 될 수 있습니다. 특히 경계선 지능을 가진 아동은 사람의 말의 숨은 의도와 말 이면의 메시지를 읽을 수 없어, 양육자가 기대하거나 칭찬한 말을 격려가 아닌 말 그대로의 의미로 이해하여 오해를 낳기도 합니다.

예를 들면, 양육자가 은정이에게 "네가 그림을 제일 잘 그린다, 화가 같다"라는 말의 실제 의미는 지금 양육자는 은정이의 그림을 칭찬해주고 싶고, 잘 그린다고 평가하고 있는 주관적 평가입니다. 그러나 경계선 지능 아동은 진짜 자신이 화가가 될 수 있다는 사실로 받아들이거나, 정말로 자신이 제일 잘한다고 생각하여 나중에도 그 수준은 달라지지 않으리라고 생각합니다. 경계선 지능 아동에게는 갑작스러운 칭찬보다는 격려와 노력에 대한 지지적 말이 도움이 됩니다.

5) 진짜 강점 찾기

모든 인간은 자신의 가치와 능력을 세상에서 실현하며 살아가려는 자아실현의 동기가 있습니다. 또한, 모든 사람은 각자의 재능과 타고난 자원이 있습니다. 특히 경계선 지능 아동의 경우, 삶을 살아갈 때 진짜 강점은 정말 중요합니다. 다중지능이론은 인간이 다양한 지능을 가지고 태어나며, 그것을 개발하고 촉진할 때 누구도 자신만의 강점을 발휘할 수 있다고 말합니다.

다중지능은 8가지 영역이 있습니다. 내가 현재 양육하는 한 명 한 명의 아동은 어떤 다중지능을 갖고 있을까요? 호기심을 가지고 관찰하고, 아이의 자원이 발휘되는 순간들을 잘 기억해주어야 합니다. 양육자의 아동에 대한 시선과 기억이 아이가 자신의 진로를 선택하지 못할 때, 자신은 무엇을 잘하는지 모르겠다고 고민을 말하며 주저앉아 있을 때 도움이 될 수 있기 때문입니다. "너에게 이런 능력이 있어."라는 기억을 동반한 말 한마디는 다시 아이가 자신이라는 존재를 믿어볼 수 있는 희망이 될 수 있습니다. 누구나 해야하는 것이 아닌 아동의 진짜 강점을 찾아주세요. 그것을 가지고 세상을 살아가며 자기를 드러내게 도와주세요. 그것이 바로 이 세상의 어른 그리고 양육자들의 역할입니다.

인간친화

언어

신체운동

**다중지능의
8가지 영역**

자연친화

논리수학

음악

자기성찰

공간

6) 작은 노력, 작은 성취를 기록하기

아동에게 때로는 드라마틱하고 이벤트적인 경험과 성장이 촉진되는 사건은 큰 의미가 있습니다. 이러한 순간을 통해 인생의 전환점을 경험하기도 하고 숨어있던 잠재력을 끌어올리기도 합니다. 그러나 인생은 길고 앞에서 말한 갑작스러운 사건이나 특별한 일이 늘 일어나는 것은 아닙니다. 어쩌면 그것을 기대하기보다는 매일 성장하는 기쁨을 느끼고 인식할 수 있는 것이 참 지혜일 수 있습니다.

경계선 지능 아동 중 활동성이 높은 아동은 무엇이든 잘해보려는 욕구가 있습니다. 규칙성이 높다면, 해야 할 학업이나 운동, 목표를 정한 것을 꾸준하고 성실하게 하는 끈기와 지구력이 있습니다. 그러나 안타까운 점은 인지능력의 한계가 성장의 장벽이 되는 일이 있다는 점입니다. 모두에게 해당하지는 않지만, 인지능력의 한계는 삶의 어떤 지점에서 방해가 되어 성장을 가로막습니다. 그래서 경계선 지능 아동에게는 노력을 통한 작은 성취들이 어떻게 쌓여 지금에 이르렀는지 인식하는 게 필요하지만, 과거의 기억을 토대로 현재를 통찰하거나 이후를 예측하는 인지적 어려움이 있으므로 자신의 성장을 기록하거나 표시하는 등의 가시적인 방법을 사용해야 합니다. 경험을 기반으로 터득할 수 있는 지혜를 건지기 위함입니다.

작지만 성취한 이야기를 적어보는 성취일기를 쓰거나, 자신이 노력한 행동의 성취 빈도를 도표로 그려보거나, 스티커를 붙여보기를 추천합니다. 청소년 이상의 아동이라면, 다양한 앱을 통해 자신의 성취를 기록으로 남겨보는 것도 좋습니다.

4
경계선 지능 아동의 사회성지도

　경계선 지능을 가진 아동의 사회성을 지도하는 것은 단순히 사회적 기술을 알려준다고 생각하기보다는 사회라는 개념을 인지하도록 도와주는 것으로 생각해야 합니다. 즉, 상황과 관계의 특성에 따른 공동의 질서에 대한 개념을 설명해주는 것입니다. 양육자가 꼭 기억해야 할 것은 경계선 지능 아동이 이러한 개념을 잘 이해하지 못하므로 자주 여러 번 설명해주고 경험하게 하는 과정이 필요하다는 것입니다. 양육자가 여러번 설명하거나 친절하고 구체적으로 설명했다고 해도 당장 인지가 안될 수도 있습니다. 그러므로 아동이 성장하면서 꾸준하게 체득하는 과정이 동반되어야 함을 기억해야 합니다.

　이러한 사실을 양육자가 잊었을 때 양육자의 답답함과 소진감이 감정적인 훈계나 야단치는 것으로 나타날 수 있기 때문입니다.

1) 상황을 인지하도록 정보 제공하기

    나라와 문화에 따라 사회적으로 정해놓은 규칙, 규범, 기대, 기준 등이 있습니다. 다양한 상황에서 이러한 정보를 알려주는 것이 사회를 인지하여 배우는 첫 번째입니다. 다음의 세 가지 규칙은 모두 다릅니다.

    우리 집에서 식사를 할 때는 식탁에서 먹을 수도 있고 방에서 먹을 수도 있지만, 학교에서는 정해진 식당이나 교실에서만 먹고, 다른 친구들 집에선 식탁에서 먹을 수도 있고 텔레비전을 보면서도 먹을 수 있습니다. 환경이 다르고, 상황이 다르기 때문에 달라지는 규칙입니다. 경계선 지능 아동들은 이러한 상황과 환경에 따른 미묘한 규칙의 변화를 빠르게 인지하거나 보이지 않는 맥락적 정보를 알기가 어렵습니다. 그래서 종종 자신이 알고 있는 규칙이 절대적이라고 생각하여 융통성이 없이 규칙을 지키려고 하기도 합니다.

예를 들어, 자신이 생각하는 식사는 아동양육시설에서 정해진 시간에 먹는 것인데, 친구 집에 놀러 가서 식사시간이 지나도 밥을 먹지 않자 왜 밥을 안 먹냐고 친구 엄마에게 대뜸 말해 민망한 상황을 만들 수도 있습니다. 또는 아동양육시설에서는 오늘의 메뉴가 입맛에 안 맞으면 맛이 없다고 말하고 안 먹을 수도 있지만, 친구 집에 가서는 예의상 배가 불러서 남겨도 될지 물어보며 의도를 숨기는 것을 못 해서 바로 맛이 없다고 말하며 "피자를 시켜주세요"라고 말해 뻔뻔한 아이가 되기도 합니다. 이는 규칙이 사람과 상황에 따라 달라지는 것임을 모르고, 다른 사람과의 상호작용 속에서 흐르고 있는 맥락을 살피는 것이 어렵기 때문입니다. 이러한 특징은 정상적 지능 아동 중에서도 사회성 발달이 지연된 아이들도 보이는 어려움입니다. 그러나 경계선 지능을 가진 아동은 인지적 한계가 있어, 경험적인 반복 또는 다른 사람의 설명에도 불구하고 이해가 따라가지 못해 터득하지 못하는 것입니다.

2) 먼저 안내해주거나, 파트너를 만들어주기

갑작스러운 상황에서 알고 있는 것이 틀리거나 적절하지 않게 된 경우, 새로운 규칙을 받아들여야 할 경우, 경계선 지능을 가진 아동은 새로운 규칙을 인지하거나 현재 상황에 따라 융통성 있게 생각을 바꾸는 게 쉽지 않습니다. 그래서 새로운 상황을 경험하고 배울 때 먼저 설명해주는 안내가 중요합니다. 자신이 알고 있는 것이 왜 지금 상황에서 틀린 지를 이해한다는 것은 복잡한 인지 과정으로, 빠르게 다양한 정보를 알아보며 추론하기가 어려워 아동도 답답하고 힘들어지기 때문입니다.

아동들이 새로운 환경과 상황을 마주하는 일은 흔합니다. 매년 새로운 학교 담임 선생님을 만날 때마다 교실 규칙은 약간씩 달라집니다. 매번 양육자가 달라지는 교대 상황에서 양육자가 도와줄 것과 도와주지 않는 것, 넘어 가주는 것과 절대 넘어 가주지 않는 상황, 좋아하는 애정표현과 싫어하는 애정표현 등 많은 것이 미묘하게 다릅니다. 매주 새로운 학습과제가 있다면, 정해져서 반복되는 것이 아니기에 스스로 계획하여 챙기는 것이 어려울 수 있습니다. 매월 양육시설에 봉사자가 달라지거나 참여하는 프로그램이 달라지는 것도 매번 새로운 규칙이 생기는 상황입니다. 이럴 때, 경계선 지능 아동에게 미리 설명해주거나, 짝을 지어주어 누군가를 본보기로 삼아 보고 따라 하며 함께 할 수 있도록 해주는 게 좋습니다.

3) 구체적인 사회적 말과 행동을 직접 가르치기

경계선 지능 아동에게는 어떤 상황에서 스스로 생각해보라고 하는 것보다는, 어떻게 해야 할지 말 ^{대사} 을 직접 써주고 말해주고 가르쳐서 당황스러운 상황과 좌절을 예방해주는 것이 좋습니다. 또래에게 애정을 표현할 때, 너무 접촉하고 자주 전화하거나 계속 말을 걸어 다른 친구가 거북해져 떠나지 않도록 친구에게 어떻게 말할지, 문자와 카톡을 할 때는 어떻게 보내야 하는지를 실제로 알려주어야 합니다.

초대하는 말을 해야 할 때 : 놀이요청, 친구 찾기, 참여권유 등

"나랑 같이 ~(목적어 : 보드게임) 할래?"

막연히 나랑 같이 놀자고 말한다고 친구들이 놀아주지 않습니다. 정확하게 무엇을 하며 같이 놀고 싶은지 목적어를 넣어 물어보는 말을 가르쳐주어야 합니다.

"할리갈리 게임이 둘이서 해야 하는데, 나랑 한 판 할래?"

개입하는 말을 해야 할 때 : 소속 원함, 관심 보임, 장난치기 등

"나도 다음번 순서에는 같이 해도 돼?"

친구들이 잘 놀고 있는데 대뜸 같이 놀아도 되는지 물어본다면, 그 아이의 미숙함이 드러나게 됩니다. 친구를 방해하는 존재가 된 거죠. 보드게임이라면 거의 끝날 때까지 기다리거나 어떻게 물어볼지를 알려주어야 합니다. 관심을 보일 때도 갑자기 반갑다고 덥석 손을 잡거나 뒤에서 안는 것이 아니라, 보통 그 학년이 좋아하는 칭찬이 무엇인지를 알려주어야 합니다.

경계선 지능 아이들의 강점은 친구들을 좋아하고 친근하게 지내고 싶어 하는 관계 지향적 경향성을 가지고 있다는 점입니다. 그러나 그 경향성이 또래들의 수준에서 벗어났을 때, 또래들은 예측되지 않거나 방해하는 존재라고 느껴 당황스러울 수 있습니다. 그래서 안전한 또래 관계에서는 서로의 약점을 이해하고 지지해주는 공동체의 관계가 중요합니다. 단, 이때 다른 아동에게 경계선 지능 아동을 보호해달라고 하면 과도한 책임감을 아이에게 주므로 피해야 합니다. 친구가 보호자가 되는 것이 아니라, 경계선 지능을 가진 아동의 특성을 오해하지 않고 수용해주는 것이 또래에게 적합한 수용일 수 있습니다.

5
경계선 지능과 문제행동
(일반아동과 다르게 다루기)

　모든 아이는 거짓말을 합니다. 유아기에는 원하는 것을 갖고 싶거나 잘못을 감추기 위해서도 거짓말을 하고, 아동기에는 숙제를 하기 싫을 때, 양육자에게 누군가를 고자질하고 싶을 때 거짓말을 합니다. 그렇지만 정상적 지능을 가진 아동의 경우, 거짓말은 결국 누군가가 정황을 파악하면 들킨다는 것을 논리적으로 알게 되기 때문에 의도적인 거짓말을 점차 줄여갑니다. 그러나 경계선 지능 아동들은 나이를 먹을수록 거짓말이 늘어가는 경우가 많습니다. 왜 그럴까요?

　경계선 지능 아동의 경우, 현재의 거짓말이 앞으로 어떤 결과를 초래할지에 대해 예측하여 사고하는 기능이 어렵기 때문입니다. 그래서 현재 상황만 모면하려고 거짓말을 하는 경우가 많습니다. 나이가 많아지면서 하기 싫은 것은 점점 더 많아집니다. 학령기 아동은 용모관리도 스스로 해야 하고 숙제와 공부도 스스로 책임감을 느끼며 해야 하며, 갖고 싶은 것이 있어도 다 갖지 못한다는 것을 깨달아가며 점차 인내심을 발휘합니다. 이때, 인내심은 단순히 참는 것이 아니라, 이성적으로 사고하여 스스로 절제하는 힘이 생기는 것입니다. 그러나 경계선 지능 아동은 인지적 힘을 통한 이성적 절제가 부족하여, 순간적으로 하기 싫고 힘든 일을 만나면 쉽게 흥분하여 화를 내거나 불평하거나 임기응변으로 거짓말을 합니다. 어찌 보면 가진 인지적 자원은 적은데 해야할 사회적 책임 과제와 압박이 높아지니 당연한 결과일 수 있습니다.

1) 아동이 할 수 있는 능력과 자원만큼만 기대하기

아동이 거짓말을 한다면 먼저 현재 아이가 가진 능력, 자원과 비교해 양육자가 기대하고 있는 수준이 높아서 아동이 모든 것을 부정하고 회피하는 방법으로 거짓말을 반복하는 게 아닌지 살펴야 합니다. 이제 겨우 손가락을 사용하지 않고 더하기를 하는데, 문장으로 된 문제를 풀라고 하거나, 이제 겨우 화장실 갔다가 손 씻고 나오는 걸 잊지 않는데 목욕을 완벽하게 꼼꼼히 하기를 바라거나, 이제 막 친구에게 들이대지 않는데, 친절하게 말하기까지를 바라는 건 아닌지 생각해봐야 합니다. 아동이 할 수 있는 능력과 해야 할 일을 다른 사람들과 마찬가지로 요구하고 지도하지만, 이 아이는 천천히 발달하는 느린학습자라는 것을 기억해야 합니다.

발달능력이란, 고정적으로 보여주는 아이의 행동과 능력입니다. 갑자기 아동의 컨디션이 좋아 잘할 때를 아동이 가진 능력의 기준으로 삼는 것은 적절하지 않습니다. 그것은 찰나의 순간입니다. 우리가 '어떤 사람은 어떠한 능력이 있다'라고 할 때의 능력은 꾸준히 나타나는 모습을 의미합니다. 빗대어 말하자면, 늘 주변 정리를 잘하고 보고서를 잘 쓰는 사람은 시간 관리와 보고서 능력이 있는 것이지만, 늘 주변 정리와 일의 마감을 못 하던 사람이 정리를 잘하고 보고서를 잘 쓴 것은 그 순간 한 것뿐일 수 있습니다. 즉, 늘 정리와 일을 꼼꼼하게 잘할 수 있는 것은 그 사람의 능력이 아닙니다. 능력이 될때까지는 아직 훈련이 안 된 사람입니다.

즉, 아동의 경우에도 늘 숙제를 했다고 거짓말을 한다면 숙제를 하며 자신의 책임을 지는 마음 훈련과 매일의 과제가 당연히 자신의 몫이라는 것을 인지하는 훈련이 여전히 안 된 것입니다. 이렇게 생각해야 하는 중요한 이유는 우리가 앞서 말한 것처럼, 할 수 있는데 거짓말을 한다고 생각하면 괘씸죄가 추가되지만, 아직 생각과 마음이 미숙하며 인지하고 수용하는 게 쉽지 않아 되풀이되는 문제라고 생각한다면 화가 덜나기 때문입니다.

도리어 경계선 지능 아동의 처지에서 보면, 이렇게 당연히 자신의 책임으로 수용해야 할 부분을 인지하지 못해 날마다 같은 상황에서 엄청난 스트레스를 받는 상황입니다. 매일 매일 학교에 가야 하는 것이 당연한 이치라는 것을 깨닫고 아는 사람이 느끼는 등교에 대한 스트레스와 왜 매일 학교에 가야 하는지를 깨닫지 못한 아이의 스트레스는 차원이 다를 수 있습니다. 그래서 경계선 지능 아동들이 겪는 스트레스가 양육자가 보기에는 소소한 일상적 스트레스지만, 아동은 강한 감정을 드러내며 거부하고 저항하며 떼를 쓰는 것입니다. 아동의 관점에서 이 상황을 들여다본다면, 우리는 답답함보다는 아이의 반복적인 고통의 굴레가 슬프고 안타깝게 느껴질 수 있습니다.

2) 공평보다 형평성을 가르치기

다른 아이들은 경계선 지능 아동을 이해하는 것이 사회적 이타심과 형평성을 가지고 서로 살아가는 민주적 삶이라는 것을 배워야 합니다. 또래 아이들의 불평과 불만에 미안해하지 마세요. 경계선 지능을 가진 아동이 다른 아이를 때리거나 불편하게 하는 행동 물건을 가져가거나 함부로 만지거나, 가장 싫어하는 행동을 하는 등 을 한다면 따끔하고 엄격하게 가르쳐주세요. 그런데 경계선 지능 아이가 자신보다 청소를 꼼꼼하게 못 하고, 자신보다 공부를 못하고, 자신과 한 팀이 되어 손해가 난다고 불평하는 것에는 미안해하지 마세요. 그것은 경계선 지능 아동이 피해를 준 것이 아닙니다. 함께 살아가는 가정, 함께 살아가는 사회이기 때문에 서로가 이해하는 것이 당연합니다.

우리가 아이들에게 가르칠 것은 다른 아이가 핸디캡이 있고, 어려움이 있을 때, 같이 이해하며 내가 좀 더 수고해야 한다는 것입니다. 그게 함께 사는 겁니다. 그래야 민주적인 집단이고 공동체입니다. 아이들의 불평을 핑계로 양육자의 힘겨움을 토로하지는 말아주세요. 양육자가 매우 힘든 것을 압니다. 그 힘듦은 계속 이야기하며 사회적으로 같이 해결하고, 여러분들의 수고에 대한 보상과 노력에 대한 존중의 마음을 충분히 대우받아야만 합니다. 그리고 학교 교사도 상담사도 이웃과 사회도 함께 사회적 약자인 아이들을 키워내는 힘듦을 같이 져야 합니다. 그것을 해주지 않는 것에 대해서는 함께 목소리를 높여 호소합시다. 그러나 노력하고 애써도 삶이 버겁고 어렵기만 한 경계선 지능 아동에게는, 자신이 가지고 있는 능력치를 성실하게 발휘한다면 세상은 살아갈 수 있는 곳이라는 것을 느끼게 해주면 좋겠습니다.

3) 도덕적 범죄에 대한 양육자의 권위를 세우고 정확한 벌 주기

경계선 지능 아동의 도벽은 많은 이야기를 내포하고 있을 수 있습니다. 우선, 도둑질했을 때 심각한 범죄라는 것은 알지만 직접 교도소에 들어가지 않는 이상 규칙은 인지하나 그것이 어떤 대가와 처벌을 가져오는지, 도벽을 타인과 사회가 얼마나 큰 범죄라고 생각하는지는 깊이 깨닫지 못할 수 있습니다. 도벽이 반복되고 반복되는 이유가 여기에 있습니다. 그래서 경계선 지능 아동이 처음 물건을 훔쳤을 때 양육자의 대처가 중요합니다. 형의 젤리를 훔쳐먹거나, 선생님 물건을 만지거나 다른 사람의 사물함을 열어보는 일은 일상에서 자주 있는 일입니다.

사실 아동양육시설은 집단이기 때문에 이러한 일이 양육자로 인해 완벽하게 통제되는 것은 불가능합니다. 아이가 한두 명이 있는 일반적인 가정에서는 아동을 거의 살필 수 있고, 그런 행동이 일어나지 않도록 환경을 바꿀 수 있는 통제와 훈계의 권한이 부모에게 있습니다. 그러나 아동양육시설 양육자에게는 도둑질을 했다고 엄격하게 혼낼 권한도 없고, 손들고 벌을 세우거나 잘못에 대한 징계 차원에서 심부름만 시켜도 학대가 됩니다. 이 점은 사회가 잘못하고 있는 점입니다. 양육자에게 아동의 도덕적 문제를 다룰 수 있는 힘을 주지 않기 때문입니다.

도둑질에 대한 정확한 벌은 있어야 합니다. 원하는 것을 갖고 싶어할 때 미숙한 아이들은 실수할 수 있습니다. 그래도 도덕적 규범에서 어긋난 행동이기 때문에 얼마나 갖고 싶었는지, 참기가 어려웠는지에 대해 공감을 먼저 해주면 안 됩니다. 먼저 아이의 잘못된 행동에 대해 엄격한 태도로 단호하고 냉정하게 말해주어야 합니다. 그리고 그 결과에 대한 벌을 인지시키고 실행해야 합니다.

예를 들어 슈퍼마켓에서 물건을 훔쳐왔다면, 양육자가 아동의 손을 잡고 데리고 가서, 먼저 부모 역할을 하는 양육자가 깊이 머리 숙여 사과하며, 큰 잘못을 했다는 것을 정확하게 보이는 행동을 보여주고 아동에게도 머리 숙여 사과하게 해야 합니다. 그리고 아이가 훔쳐 온 것을 배상한 뒤 아이가 같은 실수를 하지 않기 위해 아이가 슈퍼마켓에 당분간은 오지 않도록 하게 할 것이며, 오더라도 감독해달라고 부탁해야 합니다. 이후 양육시설로 돌아가서 허드렛일을 하면서 용돈을 벌어 훔친 물건에 대한 돈을 양육자에게 갚도록 가르쳐야 합니다. 이것이 사회적으로 도둑질을 했을 때 당연히 해야 할 도덕적 책임과 물리적 책임입니다.

아이의 실수를 따뜻한 마음으로 용서하는 것은 중요합니다. 그것은 양육자의 마음속에서 해야 할 일입니다. 아이를 비난하거나 비아냥거리지 않아야 하며, 한 번의 실수로 되먹지 못한 아이라는 판정을 내리지 않도록 해야 합니다. 용서는 하되, 잘못한 일에 대해서는 논리적으로 가르쳐야 합니다. 형의 젤리가 먹고 싶어서 훔쳐 먹었다면, 형에게 깊이 사과하고 며칠 동안 형이 자신을 싫어하고 거절해도 어쩔 수 없이 견뎌야 함을 알려주어야 합니다. 신뢰를 잃었기 때문입니다. 신뢰를 회복하는 일은 다시는 젤리에 손을 대지 않는 시간을 축적하는 것입니다. 그리고 용돈을 모아 같은 젤리를 꼭 사서 형에게 되돌려주어야 합니다.

아이에게 벌 줄 때, 양육자의 마음을 돌아보십시오. 내가 과연 아이를 미워하고 있지는 않은지, 내가 과연 모든 것을 판단할 수 있는 사람이라고 생각하며 아이의 마음과 의도까지 판단하여 아이를 벌 주려는 교만한 마음은 아닌지, 나의 힘겨움과 버거움으로 화를 내고 있는 것은 아닌지. 누구나 그러한 미움과 공격성은 마음에 갖고 있습니다. 그러나 힘이 없는 아이에게는 특히, 사리 분별을 정확하게 하지 못해 실수한 아이에게 처벌은 아이의 잘못 만큼이면 충분합니다. 악한 의도가 아니라 미숙하고 생각이 부족해서 하는 실수는 그만큼의 결과를 배우게 하면 됩니다. 한 번의 훈계와 엄청난 벌로 한 인간의 행동을 완벽하게 고칠 수 있는 사람은 없습니다. 우리는 전능자가 아니며, 우리 역시 똑같은 인간이기 때문입니다. 그러나 양육자의 선한 마음과 올곧은 마음을 분별하여 권위를 가지고 아이를 가르쳐주세요. 양육자의 선한 마음과 곧은 성품은 아이에게 단단한 훈육으로 전달되고, 건강한 권위를 가진 어른이 어떤 모습인지 기억에 꼭 심어질 것입니다.

4) 나이가 많아질수록 나타나는 공격성 이해하기

경계선 지능 아이들의 공격성은 조절력, 스트레스 감내력, 문제해결력의 버거움에서 생겨납니다. 그래서 경계선 지능 아이들의 공격성은 나이가 많아질수록 나타나는 경향이 있습니다. 초등학교 3학년 수준의 기초학력 이후부터 인지적으로 이해하고 따라가는 것이 매우 힘들어지기 때문입니다. 학업량이 많아지고, 교실 수업내용이 점차 알아듣지 못하겠고, 또래들에게는 거부되거나 무시되기 시작하면서 삶의 어떤 영역에서도 충족되는 것이 없을 때 공격성이 높아지기 시작합니다.

경계선 지능 아동이 공격적 감정을 보일 때, 무조건 타임아웃을 하는 것은 좋지 않습니다. 경계선 지능 아동이 때때로 학교에서 폭력적 행동을 하거나 또래관계 혹은 전체 규칙에서 벗어났을 때 양육자는 사무실 선생님이 아동을 데리고 있게 하거나, 모든 활동으로부터 배제되는 타임아웃이라는 벌을 줌으로써, 잘못으로 인한 결과를 논리적으로 경험하게 합니다. 때리기, 물건 부수기 등의 타인과 물건에 해를 가하는 행동을 했을 때는 논리적인 벌이 있어야 하는 것이 맞지만, 일반 가정이 아니기에 아이를 마냥 지켜볼 수가 없어 선생님들의 업무 상황에서 곁에 두는 것으로 타임아웃을 경험하게 하기도 합니다. 그러나 이로인한 행동변화는 크지 않았을 것입니다.

그 이유는 경계선 지능 아동이 그 날, 그 순간 즐거운 것을 못 해 아쉬움은 크게 느낄 수는 있지만, 시간이 길어지면 내 행동 결과로 무료한 상황을 겪는다고 생각하지 않고, 멍해지며 왜 무료한 시간을 보내고 있어야 하는지 무감각해지기 때문입니다. 그렇게 가만히 견디다가 어느 순간 통제가 사라지면 뉘우침보다는 못했던 것을 하려는 행동이 강화되기도 합니다. 즉, 논리적 결과를 통한 소거가 긴 시간이 되었을 때, 경계선 지능을 가진 아동은 논리적 결론에 도달하거나 생각을 오래 유지하는 것이 어려워 오히려 부정적 행동이 강화될 수 있습니다. 그러므로 타임아웃이나 행동의 결과를 가르치기 위해 기다리게 하거나, 자극활동을 소거해야 할 때는 양육자가 곁에 머물러 줄 수 있는 시간과 환경을 정해놓고 진정시키는 것이 적절합니다. 예를 들어 감정을 다스리는 장소를 정해놓거나, 감정을 다스리는데 걸리는 시간을 아동과 의논하여 정해놓는 것이 좋습니다.

5) 기질에 맞는 교육환경 필요

경계선 지능 아동 중에도 기질적으로 감정을 표출하고 분출하는 경향이 낮은 아동은 순하고 순박합니다. 그러나 기질적으로 불편한 자극에 쉽게 반응하고 부정적 감정을 분출해야 직성에 풀리는 기질을 갖고 있을 때, 일반지능의 아동보다 더 거침없고 대책 없이 욕설하거나, 막무가내로 폭력적 모습을 드러내기도 합니다. 때로 이러한 경우도 있지만, 모든 경계선 지능 아이들이 감정적이거나 공격성을 갖지는 않는다는 것을 기억해야 합니다.

기질적으로 감정 표출 경향이 높은, 분출성이 높은 아이라면 일반아동의 수준을 따라가며 해야하는 과업을 하면서 또래관계를 유지하도록 양육자가 노력하는 것은 멈추는 게 좋습니다. 높은 기대와 어렵고 힘들다는 자극만으로도 아동은 흥분하기 때문입니다. 교실에서 과제의 수준을 낮춰주는 것이 중요하고, 아이가 할 수 있는 과업으로 수업에 참여할 수 있도록 배려해주어야 합니다. 그러나 한 명의 아이를 교실에서 집중하는 것은 현실적으로 녹록지 않기 때문에, 예민한 기질의 경계선 지능 아동이라면 더욱 아이가 가장 안전한 학교, 자신의 수준과 흥미에 적합한 학교와 교육환경을 선택하는 것이 중요합니다.

6) 아동의 마음과 신호를 먼저 읽어주고 지원하기

아동들의 미숙한 공격적 행동과 감정 속에는 전달하고 있는 메시지가 있습니다. 아이들이 표현하여 드러난 행동보다는 그 이면에 숨어있는 아이들의 마음과 신호를 읽는 것이 먼저입니다. 그리고 아이들에게 원하는 것을 얻고 싶거나, 표현하고 싶은 것을 어떻게 전달해야 하는지를 알려주는 것이 어른의 역할입니다. 지금까지 배운 전문적인 지식이 사랑의 마음과 지혜를 잘 전달하는 도구가 되길 바랍니다. 아동의 어려움은 냉철하고 객관적으로 분석해서 무엇을 지원해야 할지 알아야 합니다. 양육은 따사로운 햇볕처럼 비춰주고, 이불처럼 포근하게 안아주어야 합니다. 아동은 그것을 충분히 받으며 성장하는 존재이기 때문입니다. 선생님들께서 그 자리에 계셔 주셔서 가능한 일입니다. 감사합니다.

4장

아동의 상실과 애도

1
상실

1) 상실 이해

상실 Loss 은 한 사람이 자신에게 가치가 있고 소중하다고 여기는 사람이나 물건, 즉 중요한 대상과의 관계를 잃어버린 것을 말합니다. 좀 더 구체적이고 실질적으로 표현하자면, 사랑하는 감정이 있는 대상과 찢어지는, 그로부터 뜯겨 나오는 아픔을 겪는 건 모두 상실이라고 말할 수 있습니다. 그래서 단순히 사랑하는 사람이 죽은 것만 상실이라고 보는 건 매우 좁은 범위의 이해입니다. 가까운 사람이 큰 질병을 앓는 것, 사고로 건강이나 신체 기능을 잃어버리는 것, 부모의 이혼으로 '온전한, 완성된' 가정을 잃게 되거나 이사나 전학으로 익숙한 환경과 이웃/친구와 헤어지는 일, 매우 아끼던 물건을 잃어버리는 일도 상실에 속합니다. 중요한 사람과 좋은 관계를 맺고 지냈는데 더는 그럴 수 없다면 그 또한 상실입니다.

아동에게는 동생의 출생도 상실이 될 수 있습니다. 부모의 사랑과 관심이 막 태어난 더 어린 아기에게로 많이 쏠립니다. 그리고 '더는 나 혼자 귀여운 아기가 아니구나!'라고 깨닫게 되니 이 또한 부모에게 받던 소중하고 따뜻한 마음 일부를 잃어버린 상황이 됩니다. 그런데 아이는 아직 '사랑이나 물건을 조금 나누어 가진다.'라는 개념이 형성되지 않은 미성숙한 상태입니다. 전부 가졌거나 모두 잃어버리는 게 아동이 느끼는 감정입니다. 그러니 동생이 태어나거나 가족이 아파서 자신에게 오던 사랑과 관심이 다른 사람에게 나뉘면, '다 잃어버렸다.'라고 상실감을 크게 느낄 수 있습니다.

부모의 죽음이나 이혼으로 인해 가족이 해체되는 경험은 왜 아동에게 상실 경험일까요? 함께 살던 가족이 흩어지게 되면, 아동은 '정상 가족'을 잃었다고 생각하기 때문입니다. 사실 '정상 가족'이라는 건 존재하지 않습니다. 누구도 그 정의를 할 수 없습니다. 그러나 아직 사고와 감정의 통합이 이루어지지 않은 미성숙한 아동-청소년기에는 '정상 아니면 비정상이지'라고 여기거나, '모 아니면 도야'라고 생각하듯 극과 극만 머릿속에 존재할 수 있습니다. 그리고 감정도 그렇게 가집니다. 부모와 함께 한집에 살면 정상인데 어떤 사유든 집에서 부모와 함께 살지 못하거나 부모 중 한 사람과 헤어져서 산다면 '정상 가족이 아니다'라는 생각을 할 수 있습니다. 이 또한 아동에게는 큰 상실이지요.

생애 전환기에 일어나는, 그래서 '다들 이 시기에는 이만한 일을 경험하니 나도 기대해 봐야지.' 하는 입학, 진학, 결혼, 취직, 임신과 같은 일이 내 삶에서 일어나지 않으면 그 또한 상실감을 느끼는 사건이 됩니다. 기대한 일이 삶에서 일어나지 않았다는 그 사실이 상실이 되는 거지요. 시험에 불합격하거나, 원하는데 결혼을 하지 못하거나, 기다리지만 임신이 안 되거나, 직업을 구하지 못하거나, 혹 예상하지 못한 가족의 죽음이나, 결별, 해고, 사고나 이혼, 질병이 같은 맥락에서 상실 경험이 됩니다. 결혼하고 아이를 키우며 나를 잃어버리는 시간, 이사나 이민, 그리고 반려동물과의 이별도 상실입니다. 삶에서 중요하게 생각했던 것을 잃어버리면 상실감을 느끼거든요. 성장한 자녀가 집을 떠나 경험하는 '빈둥지 증후군'도 상실에 속합니다. 어떠세요? 우리가 상실이라고 생각하지 못했던 크고 작은 경험이 일평생 살며 겪는 수많은 상실이지요? 이렇게 보면 우리의 삶은 상실의 삶처럼 느껴집니다. 그만큼 상실은 피할 수 없는 경험입니다. 이렇게 상실을 설명하면 대부분 놀랍니다.

"그런 게 다 상실이에요? 사별死別 만 상실인 줄 알았어요. 부모 이혼이나 질병, 이사나 전학, 아끼던 물건을 잃어버리는 것도 상실이라니! 조금 놀랍네요."

2) 아동-청소년의 상실 이해

아동-청소년은 상실 자체로도 어려움을 겪지만, 대부분 상실이라는 아프고 슬픈 경험을 다루는 방식이 다양한 형태의 문제로 나타납니다.

상실에 대한 그릇된 신념

"애들은 금방 적응해", "괜찮아", "울지 마."

우리가 쉽게 사용하는 말입니다. 그러나 유아와 아동에게도 사랑하는 사람을 잃는 일은 가장 고통스러운 경험입니다. 우리 아이들은 떠나거나 헤어져 살 수밖에 없는 가족이 다시 돌아오고 모여서 사는 것 외에는 다른 어떤 것도 위로가 되지 않을 만큼 큰 슬픔을 느낍니다. 우리는 아동 청소년이 부모와 함께 살지 못하는 상실에 대해 어떻게 이해하고 접근해야 할까요? 상실에 대처하는 애도 방식에 대한 그릇된 방식과 신념, 그리고 반대로 양육자가 취해야 할 태도로 나누어 설명하겠습니다.

먼저, 아동의 상실과 슬픔, 치유를 연구하는 학자들의 의견을 토대로 상실을 대하는 그릇된 방식, 혹은 잘못된 신념을 다음 다섯 가지로 정리해서 소개하겠습니다.

첫 번째, '너무 슬퍼하지 마.'

"너무 슬퍼하지 마."
"너보다 힘든 사람도 많지만 다 살아."
"그래도 너는 ○○이보다 낫다. 그러니 너무 슬퍼하지 마."

우리는 이런 말을 쉽게 합니다. 그러나 내가 사랑하는 사람과 헤어졌거나, 가족이 해체되어서 마음이 아프고 슬퍼 견디기 어려울 때 주변 사람으로부터 이런 이야기를 듣는다면 어떤 생각이 들까요? '뭐라고? 사람이 죽었는데 슬퍼하지 말라고? 그게 가능해?', '내가 내 가족과 헤어져서 괴로운데 왜 남이 슬퍼하지 말아라, 괜찮다고 말하지?' 이런 의문이 들지 않을까요? 아무리 사소한 상실이라도 경험하는 당사자에게는 오롯이 자신의 감정으로 남아있으며, 그것이 축소되어서는 안 됩니다. 슬퍼하지 말라는 건 아동에게 "네 감정을 있는 그대로 다 느끼지 말아라."라는 이야기로 들립니다.

길을 가다가 넘어져서 무릎이 깨져서 피가 난다고 생각해봅시다. 너무 아프고 눈물이 찔끔 납니다. 갑자기 벌떡 일어나면 더 많이 아플 겁니다. 그런데 옆에서 어른들이 말합니다. "별거 아니야. 너무 아파할 거 없다. 일어나서 갈 길 가렴." 듣기만 해도 당황스러울 겁니다. 넘어져서 피가 나는데, 자기 무릎 다친 거 아니라고, 경험많은 어른이라고 해서 너무 쉽게 "괜찮다. 일어나면 된다. 크게 아파하지 않아도 된다."고 말하면 얼마나 야속할까요? 그런 말을 듣는다고 덜 아프거나 상처가 빨리 낫지 않습니다. 기분 역시 나아질 리도 만무합니다.

아동을 위로하고 싶은 마음으로 한 말이 우리 의도와 다르게, 아동의 정직한 자기감정을 숨기는 결과를 가져올 수 있습니다. 큰 상실로 상심하고 고통 중에 있는 아동을 돕고 싶으신가요? 충분히 슬퍼하도록, 자신의 감정의 주인이 되어 아픈 만큼, 잃어버린 대상과 깊이 연결된 만큼 슬퍼하고 이야기할 수 있게 해주세요.

두 번째, '상실을 다른 것으로 대치하라'

연애할 때 이별해보셨지요? 연인과 헤어진 뒤 괴로워하면 가까운 지인이 이런 충고를 합니다.

> "사람은 사람으로 잊는 거야. 새로운 사람 만나서 사랑하면 다 잊고 잘 살 수 있어. 얼른 소개팅해라."
> "사랑은 새로운 사랑으로 대체 된다."

한 번쯤은 들어본 이야기입니다.

이런 경우도 있지요. 부모의 직장 때문에, 혹은 가정 형편이 어려워져서 갑자기 이사를 해야 합니다. 부모도 삶의 터전을 옮기는 과정이 쉽지 않습니다. 사람은 땅에 발을 붙이고 사는 존재거든요. 그러니 살던 지역 ^땅 을 옮기는 게 "이사했어요.", "이사가 별건 가요."라고 쉽게 말하고 툴툴 털 수 있는 게 아닙니다. 자신이 살던 곳에서 만나고 관계를 맺던 사람들과 물리적 거리를 두게 되고, 늘 다니던 집 앞 과일가게, 빵집, 단골 미용실이나 늘 나를 보고 웃어주던 친구나 이웃과 같은 사회적 관계를 잃게 됩니다. 이때 "새로 이사 가는 집이 더 좋아. 이사하는 동네가 훨씬 좋은 곳이야. 친구는 또 금방 사귈 수 있어."라고 쉽게 말할 수 있을까요?

상실한 대상을 다른 것으로 대치해도 된다는 말은 상대의 슬픔과 고통을 축소하는 무례한 표현이 됩니다. 잃어버린 것을 새롭게 대치할 수 있다면 상실감도 줄어들 수 있다는 의미로 연결되니까요. 소중한 물건이나 중요한 사람은 그저 물건이나 사람 한 명의 가치로 끝나지 않습니다. 우리에게 위로이고 기쁨이며, 안전함과 편안함, 안도감을 주는 존재나 그런 상징이기도 하지요. 비록 섭섭한 일도 있고 미움도 뒤섞여 있는 대상이지만 그 친밀함과 관계의 역사는 갑자기 다른 물건이나 사람으로 대치될 수 없습니다. 또 하나 중요한 건, 관계는 모두 저마다 특별하며 개별성을 가지고 있다는 점입니다. 그래서 다른 대상으로 대치한다는 게 사실 불가능합니다. 하나의 관계를 잘 마무리해야 다음 만남과 이별도 잘 대처할 수 있습니다. 특히 가족 구성원을 상실한 경험은 무엇으로 대치할 수 있겠습니까? 그저 상실에 대한 깊은 감정을 충분히 다루고 새로운 삶을 살아가도록 필요할 때 곁[1]을 내주는 것이 어쩌면 최선이지 않을까요?

세 번째, '자기 슬픔은 혼자 견디는 거다.'

이슬람 문화권에서는 사람이 죽으면 그를 매장한 후, 친구와 친척이 죽은 사람의 집에 모여서 일주일 정도 머무른다고 합니다. 사랑하는 가족을 잃은 이가 홀로 애도하지 않도록, 계속 함께 있는 겁니다. 가족을 잃은 사람은 애도 기간 중에 음식을 만들지 못하고, 가까운 사람들이 유가족에게 음식을 제공해 주는 전통을 따릅니다. 충분히 슬퍼할 수 있는 시간을 주는 전통도 좋지만, 상실의 시간에 혼자 있지 않도록 친구와 친척이 가까운 곳에 있어 준다는 점이 매우 감동적입니다.

애도 상담의 대가 알렌 울펠트 Alan D. Wolfelt 는 <애도의 여정에

---

1 곁: 어떤 대상의 옆, 또는 공간적-심리적으로 가까운 데.

동반하기>를 통해 애도의 여정에 동반하기 위한 11가지 원리를 다음과 같이 제시했습니다.

1. 다른 사람의 고통에 동참하라
2. 영혼의 광야에 함께 거하라
3. 영적인 면을 존중하라
4. 마음으로 들어라
5. 다른 사람의 힘든 과정에 증인이 되어라
6. 곁에서 나란히 걸어라
7. 거룩한 침묵이 주는 선물을 발견하라
8. 고요함을 유지하라
9. 혼란과 혼동을 존중하라
10. 다른 사람들에게 배우라
11. 호기심

울펠트는 깊은 상실을 경험한 사람 곁에 있어 주라고 말합니다. 타인의 고통에 동참하고 그를 존중하며, 마음으로 들으라고 합니다. 곁에서 나란히 걸으라는 표현은 정말 다정합니다. 사랑하는 사람이나 소중한 공간/물건을 잃은 사람의 상실감을 우리는 다 알 수 없습니다. 그러나 확실한 한 가지는, 모든 사람이 이 상실 경험을 피할 수 없다는 거지요. 우리는 누구나 소중한 사람을 잃습니다. 부모나 형제자매가 죽으면 그 고통의 감정은 1년 정도면 극복된다는 말이 있습니다. 배우자를 잃으면 2년 정도면 회복이 되고, 자녀를 잃은 상실감은 평생 극복이 안 된다고 합니다. 그러나 '극복', '회복'이라는 단어를 사용하는 건 참 조심스럽습니다. 사람마다 소중한 사람을 잃었을 때 느끼는 슬픔과 절망 감정의 정도와 애도의 수준이 다릅니다. 뒤에서 이야기하겠지만, 애도 작업에는 선후가 따로 없습니다. 어느 정도 좋아졌다고 생각했는데 다시 처음 겪는 일처럼 슬퍼지고 화가 날 수도 있습니다. 학자들은 "상실은 단계를 거쳐 애도하고 나면 일상으로 회복할 수 있다."라고 말합니다. 그러나 그 과정이 직선으로 이루어져 있지 않습니다. 얼마든지 다시 뒤의 단계로 돌아가기도 하고 순서가 뒤죽박죽일 때도 많습니다. 그래서 주변에서 '아니, 쟤가 좋아진 것 같더니 왜 저래? 왜 다시 처음으로 돌아갔어?'라고 생각할 만한 행동을 하기도 합니다.

이런 길고 복잡한, 그리고 밀물과 썰물처럼 얼마든지 되돌아오는 감정을 처리하는 과정을 아동 혼자 겪게 해서는 안 됩니다. 슬픔의 시간을 통과하는 이에게는 곁을 내주는 사람이 필요합니다. '상실과 애도의 과정에는 상담심리를 공부한 전문가 정도가 되어야 곁에 있어 줄 자격이 있는 거 아닌가?'라고 생각할 수 있습니다. 그러나 그렇지 않습니다. '동반자'면 충분합니다. 곁을 내주는 건 누구나

할 수 있으니까요. 울 때 휴지 챙겨주기, 울고 나서 기운 없으니 밥 먹으라고 챙겨주기, "내가 많이 힘들어. 나는 정말 화가 나. 난 이 과정이 이해가 안 돼." 등의 말과 행동을 '그래, 그럴만하다. 나라도 그렇겠어.'라는 자세로 수용해 주기, 그러나 이 모든 과정을 선을 넘지 않고 적정 거리에서 지켜보며 슬프고 고통스러운 감정의 주인을 존중해주는 사람이 동반자입니다.

네 번째, '마음을 강하게 가져라. 바쁘게 살면 돼.'

큰 상실을 경험하는 사람을 지지하고 응원하려 쉽게 하는 이 말은 사실 회복을 독촉하는 말입니다. 상실로 인해 슬픔이나 변화가 크지만 그래도 얼른 본래 모습을 회복하라는 말로 들리기도 하지요. 아니면 이전처럼 회복이 안 되면 다른 역할을 맡아서 어서 새롭게 잘 기능하라는 충고와 독촉으로 들릴 수도 있습니다. 마치 그렇게 하지 못하면 뒤처진 사람이나 문제가 있는 것처럼 느껴지기도 하지요. 아무래도 빠르게 급변하는 사회에서는 상실의 슬픔과 고통에서 되도록 빨리 벗어나고 일상으로 돌아가 하던 일을 하는 게 '슬픔을 극복했다. 고통에서 일상으로 회복했다.'라고 여기는 모양입니다. 그러나 정말 그럴까요? 매일 같은 자리에 있던 가족, 친구, 이웃이 더는 그 자리에 없는 상실이 그렇게 쉽게 극복되고 일상으로 빠르게 돌아갈 수 있는 일은 아닙니다. 그런데도 '마음을 강하게 해라.'라고 조언하는 이유는 무엇일까요? 어쩌면 잃어버린 대상의 역할을 대신해야 하는 경우일지도 모르겠습니다. 마치 영화 <국제시장>에서 잃어버린 막내딸을 찾으러 가는 아버지가 다시는 남은 가족을 못 볼 수도 있다는 생각에 "내가 없으면 장남인 네가 가장인 걸 알지?"라고 큰아들 덕수에게 단도리를 하며 자신의 역할을 부여하는 장면처럼, '마음을 강하게 가지고 더 잘 살아 내야 한다.'라고 상실한 대상의 역할까지 감당하기 위해서 어서 회복해야 한다는 메시지를 주는 겁니다.

바쁘게 살고 더 강해지는 건 결국 지금 경험하는 상실의 아픔과 슬픔은 억압하고 역할만 잘 수행하게 할지도 모릅니다. 겉으로는 맡겨진 역할을 잘 수행하고 있어서 대단하게 보이겠지만, 상실로 전혀 달라진 자신과 환경을 인지하고 수용, 적응하는 데는 우리가 생각하는 것보다 훨씬 더 긴 시간과 지지적인 심리적 부축이 필요합니다.

다섯 번째, '시간이 약이다.'

상실을 다루는 마지막 그릇된 방식은 '시간이 지나면 저절로 괜찮아진다.', '시간이 약이다.'라는 위로로 대강 덮고 가려는 자세입니다. 물론 시간이 지나면 회복될 테니 너무 애쓰지 말라는 뜻으로 하는 이런 생각은 일리가 있습니다. 삶의 지혜가 담긴 말입니다. 시간은 생각보다 큰 힘을 가지고 있으니까요. 상실감을 치유하고 회복하는 것은 분명 시간이라는 큰 틀 안에서 이루어집니다. 그러나 시간이 지나면 상실로 인한 아픔이 치유되는 것과 시간이라는 틀 안에서 치유와 회복을 경험하는 것은 다른 의미입니다. '시간이 약이다.'라는 말에는 시간 그 자체가 상실로 인한 상처를 치유한다는 의미가 담겨있습니다. 그러나 상실로 인한 다양한 감정을 정리하게 해주는 것은 시간이 아니라 행동입니다. 시간 그 자체는 상실을 해결해주지 못합니다. 마치 자동차 바퀴의 바람이 빠졌을 때, 그냥 무턱대고 '괜찮아질 거야. 시간이 지나면 누구라도 도와주겠지.'하고 바퀴의 바람이 다시 차기를 기다리는 것과 같습니다. 아무리 긴 시간이 흘러도 그 자동차 바퀴는 다시 복구되지 않습니다. 바람 빠진 바퀴는, 바람을 불어넣고 수리를 하든 새 바퀴로 갈아 끼우든 해야 문제가 해결됩니다. 행동이 감정을 만집니다. 행동이 상실로 인한 아픔과 고통을 해석하고 앞으로 나가게 해줍니다.

'바쁘게 살면 된다.'와 '시간이 약이다.'가 결합하면, '바쁘게 생활하다 보면 결국 상실로 인한 아픔과 슬픔은 해결된다.'는 결론에 이릅니다. 맞는 말입니다. 바쁘게 일상을 살다 보면 중요한 상실도 잊힙니다. 잠시 잊어버리고 하루하루 살 수 있겠지요. 그러나 처리하지 않은 감정은 반드시 돌아옵니다. 어디서 어떻게 터질지 아무도 모르지만 우울함이나 분노, 무기력이나 지나치게 에너지를 사용하는 것 등의 형태로 다루지 않았던 슬픔과 아픔이 돌아옵니다. 마치 부메랑과 같습니다. 몸의 상처는 그냥 두면 나을 때도 더러 있지만, 덧나기도 합니다. 미해결된 슬픔과 고통도 마찬가지입니다. 일부는 시간이 지나 무뎌질 수도 있지만, 문제행동을 일으키는 경우가 더 많습니다. 꾹꾹 눌러 두었던 감정이 분노나 게임 중독, 약물 과·남용, 혹은 고립된 생활 선택 등으로 표출될 수 있다는 거지요.

2
상실을 경험하는
아동의 반응

아동은 인지·정서·행동 발달이 이루어지는 과정 중에 있습니다. 따라서 상실을 경험했으나 발달 단계에 맞게 성장해야 하는 중요한 성장기를 지나고 있음을 기억해야 합니다. 상실과 애도를 경험하는 중에 발달이 늦을 수 있습니다. 잠깐 뒤처지다가 회복하면 괜찮지만, 긴 시간 상실의 슬픔과 고통에 빠져 있으면 발달에 큰 어려움을 겪게 될 수도 있습니다. 그래서 아동은 상실과 회복 둘을 오가며 일상 중에서 발달하고 성장해야 합니다. 아동의 애도는 다음 세 가지로 나누어 특징을 살펴볼 필요가 있습니다.

1) 인지적 반응

상실에 대한 아동의 인지 반응을 피아제 Jean Piaget 의 연령에 따른 인지 발달 단계에 대입하면 다음과 같은 특징으로 이해할 수 있습니다.

연 령	특 징
0-2세	• 눈앞에 있는 존재를 인식 • 잠시 사라지는 것과 영원한 죽음의 차이를 인식하기 어려움 • 직접 손으로 만지고 물고 빨아서 인식하는 단계
2-7세	• 상상력이 발달하는 시기 • 마술적 사고 가능 • 자기중심적 • 대상 항상성이 형성되는 시기 • 죽음이나 상실이 실제로 일어나는 사건임은 알지만 한번 죽으면 다시 살아나지 못한다는 사실까지는 이해하기 어려움
7-11세	• 자기중심적 사고 감소하는 시기 • 구체적인 경험을 중심으로 나름의 논리적 사고 가능
11세 이상	• 정신과 개념 차원에서 죽음과 상실 이해가 가능 • 추론적 사고가 가능 • 형식적, 연역적 사고 가능

아동의 인지 발달에 따라 중요한 대상의 상실을 이해하고 수용하는데 차이가 있습니다. 같은 나이라고 해도 인지 발달 수준에 따라 상실-애도를 이해하는 정도가 다릅니다. 그러나 전반적으로 아동이 상실을 어떻게 이해하는지 위와 같은 기준을 두고 이해하면 조금 도움이 됩니다.

0-2세 유아는 중요한 대상이 사라지면 그리워하지만 잠시 자신의

곁에 없는 것과 영원한 이별의 차이를 인식하지는 못합니다. 2-7세 유아동기는 부모를 떠나 양육시설에서 사는 게 실제로 일어난 일이라는 건 알지만, 이후 부모 ^{가족} 와 자신이 다시 못 만난다거나, 혹은 부모가 죽은 경우, 한번 죽으면 다시 살아나지 못하기에 자신을 데리러 올 수 없다는 것까지는 이해하지 못합니다. 죽음을 자는 것이나 먼 곳으로 여행 갔다고 생각하기도 하지요. 그러나 죽음이나 이별을 수용하는 단계는 아닙니다. 또한, 이 시기 아동은 자기중심적 사고로 중요한 사람이 죽거나 떠나는 것을 자신이 어찌할 수 있다고 믿습니다. 거기에서 오는 슬픔, 분노, 불안과 더불어 쉽게 죄책감을 느끼는 것도 이 시기 인지 발달 특징입니다. 7-11세 아동기에는 죽음이나 이별에 대해 좀 더 정확하게 이해하기 시작합니다. 죽음은 되돌릴 수 없고, 부모가 없거나 부모를 모르는 것에 대해 이해하고 그 상실에 대해 슬픔과 혼란, 두려움, 불안, 그리고 거기서 파생하는 심리적 위축을 경험할 수 있는 시기입니다. '선생님이나 같은 반 애들이 내가 시설에서 왔다고 싫어하면 어쩌지? 아빠를 다시 만나면 같이 살 수 있을까?'와 같은 '만약에'라는 가정으로 인한 걱정과 불안이 지적으로 가능합니다. 따라서 학습에 집중하기 어려워지기도 하지요. 마지막으로 11세 이후로는 죽음과 이별은 이전으로 돌아갈 수 없다는 걸 이해하는 편입니다.

이처럼 아동이 상실을 이해하는 정도와 그에 따른 반응은 개인의 인지능력에 따라 달라집니다. 인지능력이 발달하고 좋을수록 아동이 상실에 대한 이해도가 높아집니다. 그러나 같은 나이라 해도 인지 발달 수준이 동일하지 않으므로 모든 아동에게 같은 수준의 이해를 바라는 건 무리가 있습니다. 또한, 성장 중에 접하는 영화나 음악, 책의 영향으로 상실에 대해 자기 나름의 이해와 개념을 형성하기도 합니다. 따라서 아동에게 무방비한 상태로 이혼이나 죽음, 귀신이나 좀비, 전염병, 유괴나 유기, 자살이나 자해에 대한 미디어를 노출하는 것을 지양해야 합니다. 물론 쉽지 않습니다. 모든 것을 통제하거나, 알 수는 없습니다. 그래서도 안 되고요. 그러나 죽음, 이혼, 유기나 양육시설에 관련한 내용은 무엇을, 어떻게 알게되는지, 누구 또는 어디를 통해 알게 되는지가 상실-애도 작업에서는 무척 중요합니다.

2) 정서적 반응

자기 감정을 정확하게 인식하고 표현하는 일은 어른에게도 쉽지 않습니다. 아동의 경우는 더욱 어려울 겁니다. 특히 상실은 강렬한 감정을 동반하기에 더욱 표현하기 힘들지요. 감정에 이름을 붙이는 게 쉽지 않고, 특히 청소년의 경우 '나 다 컸어. 나 괜찮아. 난 애가 아니야.'라고 생각하며 상실이 아무 일도 아닌 것처럼 무심한 태도를 보이기도 합니다. 지나치게 어른스러운 행동을 보이기도 하고요. 그러나 이것은 슬픔, 분노, 좌절감과 혼란 등의 부정적인 경험을 충분히 느끼기 전에 감정을 억압해서 나타나는 정서 반응입니다. 어른이 이별을 비롯한 상실을 경험하면 그리워하고 슬퍼하듯, 아동도 그렇습니다.

아동·청소년기의 자기중심적 사고는 발달상 지극히 자연스러운 것으로 건강한 자아를 형성하는 기본이 됩니다. 다만 상실 경험에서 자기중심적 사고로 '나 때문에' 중요한 대상이 죽거나 떠났다고 생각하거나 부모의 이혼도 자신의 잘못 때문이라는 생각을 할 수 있습니다. 그래서 '죄책감'이 생길 수 있습니다. 상실에 따른 아동의 정서 반응을 좀 더 살펴보면, 죄책감과 함께 두려움과 불안, 분노를 볼 수 있습니다.

두려움과 불안

의존하고 사랑했던 대상을 상실했지만, 아동은 양육시설에서 보호받고 일상에서 필요한 의식주를 비롯한 학습, 취미 생활 등을 제공 받을 수 있습니다. 그러므로 어른은 아동이 가진 '나는 스스로 나를 돌보지 못할 거야.'와 같은 두려움을 이해하기 어렵습니다. 자립할 때까지 기관과 돌보는 어른의 도움을 받는데 쓸데없는 걱정을 하는 것처럼 보이지요. 그러나 이때 간과해서 안 될 것은 아동이 경험한 상실은 누군가에게 버림받거나, 혼자 남겨진 외상이라는 점입니다. 이런 강력한 상실과 그에 따른 두려움과 불안을 무시하지 말아주세요. 이때의 물리적·심리적 두려움과 불안을 다루지 않고 지나가면 ADHD와 유사한 증상들을 보이기 쉽습니다. 주의집중에 어려움을 겪고 긴장과 불안이 높아지면 지나치게 활동적으로 표출하기도 합니다. 과민하고 과도한 각성 상태로 어릿광대처럼 굴기도 하고요. 그래서 때로는 큰 상실을 겪고 충분히 애도 작업을 하지 못한 아동의 과도한 행동을 ADHD로 속단하는 경향도 있다고 합니다.

분노

애도 과정에서 분노는 정상적인 정서 반응입니다. 소중한 대상이 사라져서 되돌릴 수 없는데 화가 나지 않는다면 그게 오히려 이상하지 않을까요? 게다가 주변에서는 얼른 정리하고 현실에 잘 적응하라고 알게 모르게 압력을 넣고 있을 테니 아동이 "나만 왜 여기 살아야 해?", "왜 나에게만 이런 일이 일어나는 거야!"하고 소리를 지를만합니다. 아동이 부모의 이혼이나 죽음, 일방적으로 양육시설로 보내진 일 등에 대해 분노를 느끼는 것이 지극히 정상적인 정서 반응이라는 건 이해하실 수 있겠지요? 다만 우리가 걱정하는 건 분노가 공격성으로 표출되는 것일 겁니다. 아동의 공격성이 밖으로 향해서 주변을 힘들게 하고 그로 인해 사회적 관계로부터 고립되어 외로워지는 경우가 많습니다. 매우 안타깝지요. 또 간접적이고 소극적으로 분노를 표출하며 타인을 곤란하게 만드는 수동적이거나 공격적인 태도도 아동을 둘러싼 사람을 지치게 합니다. 마치 양육자를 시험하고 괴롭히려는 것처럼 특별히 양육자가 중요하게 여기고 평소 가르치는 중요한 태도나 가치관에 반하는 행동을 하는 거지요. 그래서 양육자가 화를 내거나 무력해지면 '내가 이모/삼촌을 열받게 했군.', '내가 삼촌/이모를 무력하게 만들었네!'라고 느끼고 반복해서 그 행동을 선택합니다. 사실 그렇게 해서 아동이 얻는 건 주변으로부터 부정적인 피드백을 받고 관계가 깨지는 것밖에 없습니다. 그래도 아동은 자신의 삶을 마음대로 할 수 없는 무력한 존재였는데, 자신을 돌봐주는 가까운 어른들 양육자, 교사 을 마음대로 화나게 하거나 좌절시키는 경험을 하는 겁니다. 그러면 자기 무력감과 분노가 달래집니다. 관계를 깨뜨리는 어리석은 방법입니다. 그러나 아직 미성숙한 아동이니 정서적 반응을 그런 식으로 풀어내기도 합니다. 분노를 자신을 향해 표출하는 경우, 우울로 나타납니다. 그래서 상실은 우울의 원인이지요.

아동이 상실 이후 신체는 커가지만, 정서적으로는 상실을 경험한 시점에서 더 성장하지 못하고 멈춰있는 경우가 있습니다. 상실로 인한 분노에 사로잡혀서 더 이상의 진전이 없는 경우에 그런 일이 일어납니다. 그러기에 양육자도 아동도 상실에 대한 정서적 반응을 이해해야 합니다. 분노는 상실에 따른 정상적 반응이지만, 오래 품고 자신과 주변에 상처만 남겨서는 안 되는 감정이라는 것 말이지요.

3) 행동 반응

상실에 대한 아동의 행동 반응은 개인마다 다릅니다. 자신이 경험하는 강렬한 감정을 인식하고 적절하게 표현하지 못하면 문제행동으로 표현할 수 있기 때문입니다. 상실을 경험한 아동이 흔하게 보이는 행동은 다음과 같습니다.

- 손가락 빨기나 손톱이나 주변 살 뜯기
- 쉽게 잠들지 못하거나 자다가 자주 깨기, 악몽
- 떼쓰기, 공격적인 행동
- 두통이나 어지러움, 구토나 메스꺼움과 같은 신체화 증상
- 과식이나 거식
- 야뇨증
- 자기 나이보다 훨씬 어린아이 같은 어투로 말하는 퇴행
- 분리불안, 등교 거부
- 학교 부적응, 학습부진, 교실 안에서 동료나 교사와 갈등
- 갑자기 학습이 중요하다며 지나치게 학습에 몰두하기
- 과도한 거리두기나 지나치게 매달리기

상실에 대한 아동의 행동 반응을 살펴보며 하나 더 기억해야 할 것이 있습니다. 어떤 아동은 상실로 인한 괴로운 감정을 행동으로 보이지 않고 내면화하기도 한다는 점입니다. 이럴 때는 눈으로 보이지 않으니 주변 어른들이 아동이 겪는 어려움을 인식하지 못하거나, 알게 된 뒤에는 시간이 너무 지나서 적절한 대처를 하지 못하고 아동이 회복하기 힘든 고통을 장기간 경험한 후일 수도 있습니다. 아동을 향한 관심과 관찰이 필요한 이유가 바로 여기에 있습니다. 상실-애도 과정에서 긴장감, 소화불량이나 폭식, 불면 등의 신체 반응에도 주의를 기울여야 합니다. 깊은 슬픔과 고통은 심리적으로 큰 스트레스 요인이 되고 신체에도 큰 영향을 미칩니다. 상실 이후 경험하는 강렬하고 혼란스러운 감정을 다루는데 상상할 수 없이 많은 에너지가 들기 때문입니다. 게다가 아동은 아직 심리적·신체적으로 미성숙한 상태이므로 그런 에너지 소모를 견디기 벅차서 쉽게 피로를 느끼거나 지칠 수 있습니다. 이런 행동·신체 반응에는 섭생과 쉼이 중요합니다. 우리 몸은 생각-감정-신체가 매우 긴밀하게 연결되어 있기 때문입니다. 따라서 상실에 따른 아동의 인지-정서-행동 반응을 개별적으로 살펴보았지만 연결해서 이해하시면 좋겠습니다.

3
애도

　애도란, 상실에 대한 반응이자 과정입니다. 죽거나 떠나간 사람·대상을 향한 아프고 슬픈 감정을 온전하게 느끼는 것을 의미합니다. 소중한 관계를 지워버리는 것이 아닙니다. 오히려 얼마 동안 여전히 마음 한가운데 사랑하는 그 사람·대상이 자리한 것을 허용하는 게 애도입니다. 그러나 애도의 시간은 누군가가 정해주지 않습니다. 자신의 시간 안에서, 스스로 정한 시간 동안 이별하기 위해 준비하는 작업이 애도라고 말해도 무방합니다. 자신의 시간 속에서 사랑한 사람을 떠나보내는 과정입니다. 그리고 애도를 통해 상실한 관계에서 벗어나 계속해서 삶을 건강하게 살아갈 수 있습니다. 애도는 혼자 힘으로 해내기 참 어렵습니다. 혼자 있는 건 너무 외로운 일이기 때문입니다. 가장 소중한 사람을 잃었을 때 우리는 크게 울고 슬퍼하는 게 마땅합니다. 그런데 그때 혼자 있는 건 정말 힘들지요. 마치 혼자 모든 감정의 홍수를 감당하는 것과 같거든요. 애도 과정에서 진정성 있는 좋은 사람, 친절한 사람과 함께 하면 정말 힘이 됩니다. 다시 강조합니다. 아동이 큰 상실과 슬픔을 겪으면 애도 과정이 필요합니다. 이때 아동에게는 믿을 수 있는 좋은 어른, 진정성 있는 친절한 어른이 함께 해주는 것이 정말 필요합니다.

1) 건강한 애도 과정

상실을 겪으면 우리는 시간이 멈춘 것과 같은 경험을 합니다. 건강한 애도는 이렇게 상실로 인해 멈춘 삶이 다시 앞으로 가고 성장하게 합니다. 건강하지 않은 애도는 인생의 시계가 상실 시점에 멈춰서 더는 진행되지 않게 하는 것입니다.

애도 반응에는 잃어버린 대상과 상실의 이유, 그리고 상실을 경험한 그 사람이 가진 자원과 대처 능력, 관계 등이 영향을 미칩니다. 그래서 똑같이 부모와 헤어져 사는 상실을 겪어도 애도하는 반응은 저마다 다를 수 있습니다. 그래서 애도하는 방법은 사람마다 다릅니다. 그리고 또 하나 기억할 게 있습니다. 애도는 끝이 없습니다. 과정 중에 있고 완성을 향해 가지만 애도에 끝이 있는 건 아닙니다. 상실한 대상을 잊어버리고 새롭게 웃으며 사는 게 애도의 끝이 아니라는 거지요. 건강한 애도 과정을 경험한다는 건 상실한 대상이 없는 현재의 삶을 받아들이며 그 의미를 이해하고, 다시 삶의 시계가 앞을 향해 작동한다는 뜻입니다. 소중한 사람, 물건을 잃어버린 사실을 덮어두거나 그 대상을 잊어버릴 수는 없습니다. 현실에 존재하지 않는 대상과 내 관계를 새롭게 만들며 지금 내 삶을 사는 게 건강한 애도 과정의 완성입니다. 그 속도와 방법은 저마다 다릅니다.

사람마다 애도 반응이 다릅니다. 그래도 정신분석가이자 정신과 의사인 볼비 John Bowlby 가 말한 '상실한 애착 대상과의 관계를 재정립해가는 애도 과정'을 참고하면 애도 과정과 반응을 이해하는 데 도움이 됩니다. 다음과 같은 보편적인 과정을 겪는다고 참고해 주세요.

1단계	2단계	3단계	4단계
정서적 무감각, 마비	잃어버린 대상에 대한 갈망 추구, 분노	절망, 혼란	재정립, 재적응

상실 이후 처음 경험하는 것은 정서적 무감각·마비 상태입니다. 중요한 사람이 자신을 떠나버린 현실을 믿기 어렵고 정서적으로 무감각한 상태로 짧게는 며칠, 길게는 몇 주를 보냅니다. 이런 무감각하고 마비된 것과 같은 상태는 상실로 인해 극한 감정의 고통을 느끼는 것을 일시적으로 지연시켜 줍니다. 그러나 이런 무감각하고 마비된 듯한 상태로 있는 데에는 상상할 수 없는 많은 에너지가 소모되어 오래 지속되면 몸에 이상이 올 수 있습니다. 혼자 무감각한 상

태로 오래 있는 것보다, 상실 대상에 관한 이야기를 반복해서 하거나 화를 내는 게 몸과 마음 건강을 생각한다면 훨씬 바람직하고 다행인 이유입니다.

두 번째 단계에서는 상실한 대상을 갈망하고 찾고 화를 냅니다. 자신이 정말로 가장 소중한 사람을 잃어버렸다는 사실을 알게 되어서 나타나는 반응이지요. 무감각하고 마비된 상태로 지내다가 어느 순간부터는 상실이 현실로 다가오기 시작하는 겁니다. 그러니 그리워서 울기도 하고, 잃어버린 부모나 가족의 이름을 부르며 화를 내기도 합니다. 어딘가에 소중한 그 사람이 있을 거라는 생각도 합니다. 상실한 그 대상을 떠오르게 하는 사건을 자세히 반복적으로 생각하는 시기이기도 하지요. 이때 분노하는 것도 정상 반응 중 하나입니다. 소중한 것을 잃은 사람은 자신과 헤어진 대상 자체에 화를 내기도 하고, 위로해주는 사람, 그리고 자기 자신에게도 분노를 느낍니다. 볼비는 이 애도 과정에서 분노를 억제하기보다는 표현하는 것이 더 좋고 중요하다고 말합니다. 이때 표현하는 분노는 더는 소중한 존재와 연결될 수 없다는 데에 느끼는 감정이므로, 상실을 현실로 인정하는 반응입니다. 이제 더 이상 상실하기 전의 상태로 되돌릴 수 없는 현재 상태를 받아들여야 앞으로 나갈 수 있습니다. 그래서 이 단계에서 경험하는 갈망이나 간절하게 그리워하고 대상을 추구하는 것, 그리고 분노까지도 모두 지극히 정상적인 반응입니다.

다음은 혼란과 절망을 경험하는 단계입니다. 소중한 대상의 상실이 완전히 현실로 다가옵니다. 볼비는 상실의 충격과 고통을 두고 '마치 시소를 타고 있다가 상대방이 갑자기 일어나 버린 것과 같다.'라고 표현했습니다. 이 말이 정말 와닿습니다. 시소를 탄다는 건 상대와 내가 함께 오르락내리락한다는 기대와 확신을 전제로 이루어지는 행위입니다. 그런데 어떤 이유든 한쪽이 일방적으로 일어나 가버린다면, 그에게 가진 모든 기대와 확신이 불확실과 불안정으로 돌아선 것입니다. 얼마나 혼란스럽고 절망스러울까요? 애도 과정의 세 번째 단계는 그렇게 큰 혼란과 절망을 경험하는 단계입니다. 이 단계에서 그동안 유지했던 사회적 관계로부터 자신을 스스로 철수하기도 합니다. 상실로 인한 우울, 자신을 스스로 고립시키는 것도 이 단계에서 흔하게 이루어집니다. 사람은 관계 속에서 자신이 누구인지 정의됩니다. 누구의 자식, 부모, 누군가의 친구, 어디에 속한 학생, 어느 동네 어디에 사는 사람, 어느 직장에서 어떤 역할을 감당하는 등 자신이 누구인지, 어떤 역할을 하는지가 자신을 설명하지요. 그런데 중요한 대상이 사라진다는 건 큰 혼란과 변화를 경험하게 합니다. '내가 이전의 삶으로 돌아갈 수 있을까? 전처럼 나는 행복해질 수 있을까?'라는 질문에 확신이 없어서 절망감을 느끼기도 합니다. 이때는 이런 혼란과 절망감 역시 지금 내 것으로 수용하고 삶의 다음 단계로 가기 위해 상실이 일어난 현재의 내가 누구인지 다시 나를 재정의 하는 시간이 된다면 건강한 애도의 마지막 단계인 재정립과 재적응으로 이동할 수 있습니다.

애도 과정의 마지막은 재정립과 재적응 단계입니다. 소중한 대상은 사라졌지만 나는 내 삶을 계속 살아야 한다는 사실을 깨닫고 받아들이는 거지요. 이때 비로소 잃어버린 중요한 대상과 내 관계가 재정의됩니다. 그리고 사랑하는 그 사람이나 가족이 사라진 세상을 인정하고 받아들이면서 다시 적응을 시작하는 과정을 천천히 시작하는 거지요.

볼비가 말한 애도의 4단계는 소중한 대상을 상실한 후 사람이 어떤 인지·정서·행동 차원의 변화 과정을 경험하는지 알려줍니다. 그런데 여기서 중요한 점이 있습니다. 애도가 반드시 이 순서대로 진행되는 게 아니라는 겁니다. 사람마다 애도 과정 경험은 다릅니다. 단계별로 넘어가며 차례로 이 애도 과정을 경험하기도 하고, 얼마든지 다시 이전 단계로 되돌아가기도 하지요. 다음 단계로 넘어가는 시간도 저마다 다릅니다. 그러나 이 모든 것이 애도 과정의 정상

범위입니다. 적응하고 잘 가는 듯하지만 얼마든지 다시 전 단계로 돌아가 혼란과 절망감을 느낄 수도 있고, 더 앞으로 가서 상실한 대상에 관한 이야기를 쉼 없이 하며 갈망과 추구를 충분히 더 하려고 들 수도 있습니다.

시소를 함께 타던 이가 벌떡 일어나 혼자 남겨진 듯한 당황스러운 상실을 경험한 사람에게는 처음 경험하는 신체 반응이 일어나기도 합니다. 조마조마하거나 어지럽거나, 멍한 상태가 지속되기도 하지요. 사랑하는 사람과 다시 연결되고 싶은 갈망으로 매우 고통스러워하기도 하고요. 이를 '급성 애도'라고 말하기도 합니다. 이런 급성 애도, 즉 상실한 대상을 생각하느라 다른 일에는 집중이 어렵고 마음이 힘든 건 흔한 증상입니다. 애도의 1, 2단계를 보여주는 거니까요. 그러다가 점차 중요한 대상의 죽음이나 상실을 현실로 인식하고 받아들이며 상실의 의미를 이해하거나 일상의 즐거움을 회복하게 되면 이는 '통합된 애도'로 건강한 애도를 뜻합니다. 슬픔에 빠져 있지 않고 다른 생활을 정상적으로 할 수 있으니까요. 그러나 이렇게 건강한 애도 과정을 통해 일상을 살아간다 해도, 생일이나 기념일, 명절, 혹은 다른 사람이 유사한 상실을 경험하는 것을 보거나 하면 얼마든지 다시 처음 상실했을 때 보이는 '급성 애도' 반응을 보일 수 있습니다. 일상이 회복된 애도의 마지막 단계 이후에 있다가도 다시 돌아가서 잃어버린 관계와 대상을 갈망하고 찾거나 분노하기도 하고, 혼란과 절망을 느낄 수도 있습니다. 한 사람의 사적 세계인 생각과 감정은 오늘 1단계, 내일은 2단계 이런 식으로 딱 잘라 앞으로만 나갈 수 있는 게 아니니까요. 다만 너무 오랜 시간 강렬한 애도 반응이 지속되어 일상에 재적응하고 삶의 시계가 다시 시작하지 못한다면, 이때는 해결되지 못한 애도의 결과로 다양한 질병이나 문제행동이 일어날 수 있고 이미 일어나고 있을지도 모릅니다. 그때는 전문가의 도움이 필요한 상황이니 지체하지 말고 병원이나 상담실을 찾아야 합니다.

2) 아동의 애도 과정

깊이 사랑하는 사람·가족을 상실한 아동이 보이는 자연스러운 반응, 애도의 과정은 일상과 감정이 마비되고 그 사실을 불신하거나 부인하는 단계로 시작합니다. 일반적인 애도 과정의 첫 단계와 유사하지요. 그냥 멍하게 있거나 정서적으로 무감각하게 있습니다. 양육시설이나 친척 집에 맡겨져서 이제 부모를 다시 볼 수 없는 상황인데도, "아빠가 나를 나중에 데리러 올 거야!", "나중에 엄마 아빠를 다시 볼 수 있어!"라고 말하기도 합니다. 상황이 달라지지 않는 자체를 부인하는 겁니다. 자신의 상실이 영구적이지 않다고 믿고 싶기도 하고 그렇게 믿을 수도 있지요. "금방 다시 아빠 엄마가 같이 살 거야."라고요. 부모의 죽음이나 이혼, 혹은 다른 이유로 시설에서 생활하게 되었지만, 여전히 부모와 함께 있고 평생 함께 살 거로 생각하거나, 다시 부모를 볼 수 있고 그 목소리를 들을 수 있다고 생각하기도 합니다. 때로는 부모가 보이거나 전에 살던 집이나 탔던 차를 보았다고 믿기도 합니다.

상실한 대상에 관한 생각과 감정을 느끼고 표현하여 더는 만날 수 없더라도, 그 대상과 새로운 관계를 형성하고 지금의 삶에 통합해 가는 과정이 애도입니다. 특별히 발달 과정 중에 있는 아동·청소년의 경우, 자기 삶에서 일어나는 경험을 어떻게 다루는지가 자아정체감, 즉 '나는 누구인가, 나답게 사는 건 어떤 것일까' 하는 사고와 감각을 형성하는 데 큰 영향을 미칩니다. 그래서 아동의 삶을 송두리째 변하게 한 부모나 가족의 상실, 관계의 상실에 대해 건강하게 애도하는 과정이 매우 중요합니다. 그래서 우리는 아동의 애도를 좀 더 이해하려고 노력하는 거지요.

아동의 애도 과정은 애도상담가 워든 William Worden 이 제시한 다음 네 가지 애도 과제를 단계별로 다루면 좋습니다. 그러나 기억해 주세요. 애도는 '단계'를 거쳐 끝나는 게 아닙니다. 애도는 철저하게 '과정'입니다. 그래서 워든의 네 가지 애도 단계도 앞서 살펴본 건강한 애도 과정과 유사합니다.

1단계	2단계	3단계	4단계
현실 수용	애도 감정 다루기	대상이 사라진 현실에 적응하기	정서적으로 재정립 일상 살기

아동의 상실과 이후, 애도 과정에서는 현실을 수용하고 적응하는 게 중요합니다. 어른도 힘든 작업이지만 아직 인지·정서적으로 미성숙한 아동에게는 상실을 현실로 받아들이고 수용하는 직면이 더 어렵습니다. 그래서 상실 직후 현실을 부인해서 "곧 아빠가 데리러 온다.", "우리 가족은 1년 뒤에 모여서 살 거야."와 같이 사실과 다른 말을 하기도 합니다. 그런 현실 부정은 잠시는 충격을 완화해주기도 하지만, 결국 건강한 애도는 '아빠와 엄마가 이혼했다', '부모님이 돌아가셨다'라는 현실을 직면해야 가능합니다. 그래서 아동이 자신이 경험한 상실이 어떤 것인지 알고 수용할 수 있도록 그 수준에 맞는 언어로 정확하게 말해주는 것이 좋습니다. 부모의 이혼이나 죽음, 헤어져서 살게 되는 일은 아동의 인생 전체에 계속 영향을 미치는 매우 중요한 상실입니다. 그러므로 아동이 그 의미를 정확하게 이해하는 게 이후 일상 적응에 중요합니다. 예를 들어 부모의 죽음이나 이혼, 경제적 이유로 따로 사는 것 등을 설명할 때 동

화책이나 그림, 영화를 함께 보며 설명하면 좋습니다. 이때 아동이 정말 현실을 이해했는지 확인하기 위해 "네가 들은 대로 다시 말해줄 수 있니?", "네가 이해한 대로 이모/삼촌에게 말해주라." 하며 아동이 자신의 말로 듣고 이해한 내용을 표현하게 해주세요. 아동이 어리거나 이해력이 조금 부족한 경우에는 동화나 영화 영상 을 통해 듣고 난 후 다음과 같이 반복해서 관련 질문을 하기도 합니다.

> "삼촌/이모, 우리 아빠는 죽은 거죠? 하늘나라에 간 거죠? 그럼 나중에 삼촌/이모도 죽나요? 그러면 다시 못 만나는 거죠? 아빠도 이제 못 만나잖아요, 죽으면 못 보지요? 계속 못 보죠? 엄마는 안 죽었으면 좋겠어요."

아동이 자신의 상실 경험 이후 현실을 확인하는 방법이니 인내심을 가지고 일관성 있게 답변을 해주시면 아동이 상실을 현실로 수용하는 데 도움이 됩니다.

두 번째는 상실과 관련한 감정을 느끼고 좋은 방식으로 표현해서 애도 과정 중에 경험하는 슬픔과 고통을 적절한 언어로 다루는 작업입니다. 감정을 인식하면, 인정하고 언어로 표현해야 합니다. 그런데 이 과정이 원활하지 않으면 복잡하고 아픈 감정이 몸으로 올라옵니다. 어떻게든 슬프고 고통스러운 감정이 나오려 하기에 몸의 어딘가가 아프거나 일탈 행동을 하게 되는 건 지극히 자연스러운 반응입니다. 아동이 양육시설에 왔다는 자체가 이미 큰 상실을 경험했다는 것입니다. 그러므로 양육자가 아동을 잘 관찰하고 필요할 때 아동이 자신의 부정적인 감정에 이름을 붙여서 입 밖으로, 그게 어렵다면 도구를 통해서라도 자기감정을 인식하고 표현하도록 도와주시면 좋겠습니다. 슬플 때는 충분히 슬퍼하는 게 회복하는 좋은 방법입니다. 이때 아동이 자신의 감정을 인식하는 단계부터 어려울 수도 있습니다. 그때 감정 단어 카드나 그림, 감정을 잘 표현한 영화나 노래를 통해 대화를 나누면 좋습니다. 감정 단어 카드는 시중에서 쉽게 구할 수 있습니다. 아동 연령에 맞게 그림이 섞인 것과 언어로만 표현된 것을 적절하게 사용하시면 됩니다. 영화는 다음 몇 가지를 함께 보고 이야기를 나누는 방식으로 감정을 인식하고 표현하게 안내해주세요. 이때 중요한 점은 양육자가 자기감정에 압도되지 않는 겁니다. 좋은 태도로 감정의 주인인 아동을 존중하며 도구를 사용해서 감정을 인식하고 인정하고 표현하기까지 안내해 주세요.

추천 영화들

- 인사이드아웃 Inside Out, 2015
- 살아남은 아이 2018
- 벌새 2019

- 코코 Coco, 2018
- 원더랜드 Wonder Park, 2019
- 흩어진 밤 2021
- 보이후드 BoyHood, 2014
- 리틀 포레스트 2018

  세 번째 아동의 애도 과정과 과제는 자신에게 소중한 대상이 사라진 지금 현실에 적응하는 것입니다. 이 단계는 아동이 부모나 가족, 즉 상실 대상과 어떤 관계로 지냈었는지, 그리고 양육시설에 오기 전에는 어떤 역할을 하고 지냈는지 그 역할에 따라 달라집니다. 헤어진 부모나 가족이 아동에게 유일하지만 안정적인 의존과 애정의 대상이었다면, 아동은 힘들어도 회복하고 현실에 적응하면서 살 수 있습니다. 물론 여기에는 긴 애도 시간이 필요하다는 걸 기억해주세요. 애도는 상실에 대한 반응이기 때문입니다. 상실한 대상과 매우 깊고 친밀한 관계, 안정적이고 의미 있는 의존과 애정을 상호작용했으니 애도가 길게 이루어질 수 있습니다. 사랑하는 부모나 가족의 빈자리를 받아들이고 적응하지만 입학이나 졸업, 결혼, 생일과 같은 특별한 날에는 다시 강렬한 애도 감정을 느낄 수도 있습니다. 이것 또한 평생토록 이루어지는 애도 과정으로, 지극히 정상적인 애도 경험입니다. 현실에 적응했다고 해서 인생의 전환기에 부모, 가족이 있을 자리가 빈 것도 '별거 아니야. 괜찮아.'라고 대강 넘겨버리는 건 아니니까요.

　마지막 네 번째 애도 과정과 과제는 아동이 상실의 경험을 성장하는 삶 속에 어떻게 정리해서 넣어두느냐입니다. 애도는 상실 대상을 애써 잊어버리거나 그 관계를 단절해버리는 게 아닙니다. 현재의 나와 내 삶 속에 소중하지만 잃어버린 그 대상에 적절한 자리를 주는 것이 건강한 애도입니다. 이 경우, 부모나 가족과 잠시 떨어져 살거나 다시 만날 수 없다 해도, 아동이 그에 대한 사랑을 철회하는 것이 아닙니다. 나와 헤어진 부모/형제 외에도 또 사랑하고 살 중요한 대상이 있음을 인식하는 게 재정립하고 새로운 이야기를 적어가는 것에 가깝습니다. 아동이 평생 써 내려가는 자신의 인생 각본 중에서 잃어버린 소중한 부모/가족을 어떻게 녹여 넣을지 스스로 선택해야 합니다. 건강한 애도는 상실한 대상을 잊어버리고 속 편하게 사는 과정이 아니기 때문입니다. 진정한 애도는 '지금은 비록 내 곁에 없지만, 과거에 있었던 중요한 대상과 그에 관련한 기억을 재정립해서 이전과는 달라진 인생 각본을 써가는 것을 의미합니다.

3) 애도를 생략할 때 겪는 어려움

런던아동정신건강센터 소장인 마곳 선더랜드 _{Margot Sunderland} 는
상실의 슬픔과 고통을 충분히 다루지 않고 부인할 경우, 다음과 같
은 결과가 나타난다고 말합니다.

- 우울증
- 분리불안의 뚜렷한 증가
- 학습장애
- 수면장애, 악몽
- 섭식장애
- 오줌 싸기
- 집중력 저하
- 조증 mania
- ADHD로 오해할 만한 과잉행동
- 지루하거나 무력한 상태
- 분노, 폭력, 종잡을 수 없는 격노
- 과도한 회피, 자기 고립
- 초기 발달 단계로 가는 수준의 퇴행
- 학교 공포증
- 도망갈 정도로 타인에게 매달리기

4
아동의 상실에 대처하고
애도 과정을 돕는 양육자의 자세

　소중한 사람을 잃었을 때 아동과 성인은 대처하는 방식이 다릅니다. 어른은 이미 다양한 경험을 해봤지요. 중요한 상실을 경험할 때 어떻게 대처하면 그래도 내가 덜 아플지 알게 모르게 배웠습니다. 그러나 아동은 자라는 중입니다. 모든 면에서 그렇습니다. 상실에 대처해 본 경험도 적고, 뇌도 발달하지 못한 상태입니다. 어른보다 분리불안, 분노, 불신, 외로움의 감정을 더 크게 느낄 수 있습니다. 그래서 아동이 경험하는 상실과 슬픔을 돌보고 돕는 건 양육 현장에서 꽤 중요한 문제입니다. 부모와 헤어진 이유는 저마다 다르지만, 양육시설에서 자라는 아동에게는 '상실'이라는 공통점이 있으니 말입니다.

　상실은 잃어버린 관계·대상 외에 다른 무엇으로 보상받을 수 없습니다. 소중한 사람을 잃고 그와의 관계가 내 의사와 무관하게 끊어진 경험이 무엇으로 대체 될 수 있겠습니까? 상실 대상이 부모와 가정이라면 더더욱 그렇지요. 다시 가족이 모여 살고, 잃어버린 부모가 돌아오는 것 외에는 다른 어느 것도 위로가 안 되는 것처럼 느껴지는 경험입니다. 아동이 부모를 기억하고 생각할 때 불안하고 언짢아지는 건 매우 당연한 일입니다. 그게 상실이니까요. 그래서 진정한 애도는 사랑을 받고 싶고 나도 사랑하고 싶은 부모와 헤어진 상실을 부인하지 않고 점진적으로 받아들이면서 시작됩니다. 이 복잡한 마음과 과정을 지나가며 회복하는 과정이 애도입니다. 양육시설에서 생활하는 아동은 소중한 대상을 잃은 그 빈자리를 경험합니다. 그 상실을 외면하거나 부인하지 않고 있는 그대로 견디며 슬퍼하는 게 애도입니다. 그 과정에서 감정을 지나치게 억압하거나 무시하지 않도록 양육자가 지켜봐 주시면 좋겠습니다. 다음 다섯 가지는 아동의 애도 과정을 도와주는 좋은 태도입니다.

1) 공감하고 수용하기

심리학자 칼 로저스 Carl Ransom Rogers 는 "사람이 성장하고 변하려면 '공감과 수용, 그리고 진정성을 가지고 이야기를 들어주는 사람이 환경이 되어주어야 한다."고 말합니다. 상실을 경험한 아동이 건강하게 애도하고 성장할 수 있도록 양육자는 먼저 공감하면 됩니다. 그렇다면 공감은 뭘까요? 공감을 설명하며 많은 사람이 '달과 공주'라는 동화를 인용합니다.

어느 왕궁에 달을 따다 달라고 조르는 공주가 있습니다. 왕과 왕궁의 모든 신하들이 "달은 못 따준다."라며 공주를 말립니다. 그러나 공주는 굽히지 않고 계속해서 달을 따다 달라고 백성과 왕을 괴롭힙니다. 그래서 왕이 공주에게 달을 따다 주는 사람에게는 큰 상을 내리겠다고 선포했습니다. 그래도 아무도 달을 따다 줄 수가 없습니다. 그런데 어느 날 어릿광대 한 명이 공주를 찾아갔습니다.

"공주님 뭐가 필요하세요?" 공주는 또 똑같은 말을 했어요. "달 좀 따다 줘." 어릿광대가 물었습니다. "공주님, 달은 어떻게 생겼어요?". 공주가 답했습니다. "달은 둥글고 황금빛으로 투명하게 생긴 공처럼 생겼어." 어릿광대는 공주에게 둥글고 투명하게 생긴 황금빛 공을 달이라고 공주에게 주었습니다. 공주는 무척 기뻐했지요. 그러나 해 질 녘이 되니 어릿광대는 걱정이 되기 시작했습니다. '밤이 되면 달이 뜰 텐데, 그러면 공주님에게 뭐라고 말하지?' 그래서 어릿광대는 한 번 더 공주에게 물었습니다. "공주님, 밤이 돼서 달이 또 뜨면 어쩌죠?" 이때 공주는 전혀 예상하지 못한 답을 했습니다.

"바보야, 달은 이 같은 거야. 빼면 또 새 이가 나는 것처럼 또 나오고 또 나오는거야!"

이 동화가 왜 공감을 말하는 자리마다 등장할까요? 다소 엉뚱한 이야기로 들리지만, 동화에서 하고 싶은 말은 이겁니다. "달은 못 따드려요. 달은 하늘에 있잖아요."라고 모두 공주에게 '아니'라고 말했지만, 어릿광대만 와서 자기 생각은 내려놓고 공주가 뭐라고 말하는지 들었습니다. "달이 뭔데요?", "달이 어떻게 생겼는데요?"하고 묻습니다. 그리고 타인의 생각을 내 생각 앞에 놓고 말도 안 되는 것처럼 들려도, 그런데도 내 생각보다 상대방 생각을 먼저 들어보는 게 공감입니다. 칼 로저스는 이것을 두고 '공감은 타인의 사적 세계가 내 세상인 것처럼 듣는 것'이라고 말했습니다. 이때 타인의 사적 세계는 그의 생각과 감정을 모두 뜻합니다. 그런데 타인의 사적 세계를 내 것처럼 여기지만 내 것은 아닙니다. 마치 남의 신발을 신고 걸어보는 것과 같습니다. 그 신발을 신고 걸으면 발이 아플 수도 있고 매우 불편하기도 합니다. 그러면 그 신발 주인의 발이 아프고 불편한 걸 알게 됩니다. 그러나 그 신발은 내 것이 아닙니다. 그게 공감입니다.

부모와 떨어져서 양육시설에서 살면서 말을 험하게 하고 화를 많이 내는 아동을 보며 그 신발을 신고 걸어서 '아, 네가 어린 나이에 부모와 떨어져서 이곳에 와서 살면서 정말 힘들구나. 차마 다 알 수 없는 가슴 아픈 일을 겪었구나. 그래서 이렇게 수시로 화를 내기도 하는구나. 진짜 가슴 아프다.'를 아는 것이 공감입니다. 그러나 그 신발이 내 것이 아니라 아동의 것이니까 양육자인 내 마음대로 아동을 위로하고 도와준다고 할 수 없습니다. 이렇게 보면 공감은 참 따뜻하면서도 냉정합니다. 감정만 공감하는 게 아니라 사고 역시 인지하니 그렇습니다. 내 것처럼 마음 아프고 슬프지만 내 것은 아닌 걸 알고 경계선을 지켜야 하니까요.

그렇다면 상실을 경험한 아동과 어떻게 공감하며 대화할 수 있을까요? 이때 빙산을 떠올리면 좋습니다. 아동이 화를 내거나 욕을 하는 행동, 양육자를 함부로 대하는 거친 언행은 빙산의 일각입니다. 물 위에 떠 있는 일부라는 거지요. 빙산은 눈에 보이는 것보다 아래로 내려갈수록 더 심층적이고 많은 것을 담고 있습니다. 수면 아래 빙산에는 생각-감정-기대와 열망이 있습니다. 공감을 잘하는 사람은 겉으로 보이는 말과 행동을 보고 반응적으로 대처하지 않습니다. 빙산 아래를 탐색하는 사람이 공감하는 사람이지요. 'OO이가 무슨 생각으로, 어떤 마음 기분, 감정 으로 이런 행동을 하지? 이런 말을 했을까? OO이가 정말 바라고 원하는 건 뭘까?'를 찾아가는 겁니다.

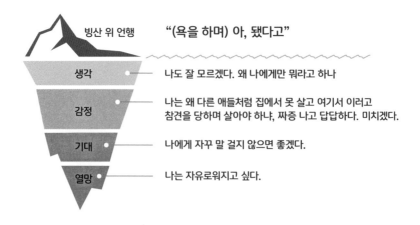

빙산 위 언행   "(욕을 하며) 아, 됐다고"

생각 ● 나도 잘 모르겠다. 왜 나에게만 뭐라고 하나

감정 ● 나는 왜 다른 애들처럼 집에서 못 살고 여기서 이러고
참견을 당하며 살아야 하냐, 짜증 나고 답답하다. 미치겠다.

기대 ● 나에게 자꾸 말 걸지 않으면 좋겠다.

열망 ● 나는 자유로워지고 싶다.

아동의 이런 이해하기 힘든 분노와 거친 말을 두고 양육자가 바로 같이 화를 내거나 꾸중을 한다면 이건 빙산 위의 것을 보고 양육자가 반사적으로 나가는 상태입니다. 공감하려는 자세는 '이 녀석이 왜 욕하며 화를 낼까? 무슨 생각으로 그러지? 무슨 마음일까? 뭘 바라는 거지? 이 녀석의 욕구는 뭘까?'라고 스스로 질문하고 이렇게 말하는 겁니다.

"OO아, 여기 들어와서 사는 게 쉽지 않지? 뭐가 뭔지 모르겠고. 친구들은 다 자기 집에서 학교 학원 다니는데 OO이 너는 여기서 이모 삼촌 잔소리 들으면서 사는 것 같아서 짜증하고 답답하니? 자꾸 뭐라고 말 걸고 참견하는 것 같니? 자유롭고 싶을 텐데 많이 모여서 이렇게 지내야 되고 안 되고가 많아서 힘들지?"

아동의 애도 과정을 도우려면 내 생각이나 판단을 내려놓고, 달을 따달라고 억지를 쓰는 공주의 말을 먼저 듣는 것처럼 듣는 자세가 필요합니다. 그것이 먼저입니다. 그러면 비로소 아동이 무엇을 잃었는지, 그 상실 대상과는 어떤 관계였는지 들을 수 있습니다. 아동은 본인이 말하면서, 우리는 들으면서 애도 대상이 명확해집니다. 이때도 역시 이 상실과 애도는 아동의 것입니다. 양육자가 당사자는 아닙니다. 들어주고 공감-수용하는 조력자입니다. 그렇다면 수용은 어떤 걸까요?

수용은 조건 없는 수용을 말합니다. 무조건적 수용이지요. 그릇된 행동을 훈육하지 않는다는 의미가 아닙니다. 사회가 모두 조건화되어 있습니다. 사회화 과정에서 '무가치하다', '별로다' 하는 기준 없이 아동이 사람이라는 존재 그 자체로 소중하게 존중받는 것을 뜻합니다. 나와 타인을 존중하고 수용하는 자세입니다. 다양성을 존중하는 거지요. 상실을 경험하고 양육시설에서 자라는 아동 한 명 한 명을 조건이 아니라 있는 그대로 인정하는 것이 수용입니다. 아동의 좋은 면도 수용하고 때로는 연약하고 어두운 면도 있는 그대로 인정하는 겁니다. 아동의 상실-애도 과정에서의 거친 모습이나 우울하고 회복되지 않을 것만 같은 부정적인 모습도 '그럴 수 있다. 이 부정적인 모습이 이 아이의 전부는 아니다.'라고 수용하는 겁니다. 때로는 아동의 부정적인 행동도 '그럴만한 이유가 있어서' 한 것이기도 합니다. 큰 상실과 그에 대한 격한 반응이 흡연, 음주, 욕설 등의 이유일 수도 있겠지요. 든든하고 마음에 힘이 있으면 하지 않았을 언행인데, 아무도 내 마음은 몰라주고 그래도 약해보이기는 싫은 이유로 거친 행동을 선택했을 수도 있습니다. 모두가 "대체 왜 저래! 싹수가 노랗다!"라고 비난할 때 누구 한 사람이 '저 녀석이 그럴만한 이유가 있을 거다. 무슨 생각과 감정으로 저렇게 하는 걸까?'라는 공감과 수용의 자세를 가져준다면, 매우 긴 시간이 걸리겠지만 그래도 변화 가능성이 있습니다.

원인을 제거하려고만 하지 말고 아동의 상실로 인한 격한 반응을 인지·정서·행동 모든 면에서 수용해주세요. 길이 안 보이고 모를 때는 겁이 나고 걱정되지만, 아동이 공감과 수용을 통해 언어/비언어로 표현하기 시작하면 그때부터는 무섭지 않습니다. 아동이 표현해주어 알게 되면 아동의 애도 과정에 양육자가 동반할 수 있습니다. 물론 여기서도 기억할 점은 하루아침에 되거나 직선으로 해결되는건 아니라는 겁니다.

수용은 공감이 되어야 가능합니다. 아동의 아픔과 슬픔을 내 신발처럼 신고 '그래, 이렇게 아프구나!'하고 공감이 되면 아동의 행동과 현재의 실망스러운 모습도, 그리고 미래의 상태, 가능성까지도 수용할 수 있습니다. 현 상태로는 아동이 상실로 인해 매우 힘든 상태여서 막막할지라도, '지금 네 행동에 이유가 있다.' 그리고 '네가 오래 걸리더라도 제대로 애도하고 일상으로 돌아갈 것을 믿는다'라는 가능한 상태까지도 수용하는 겁니다

아동이 상실을 경험하고 양육시설에 와서 생활하는 큰 혼란과 절망을 느끼는 중에도 자신의 생각과 감정, 기대와 깊은 열망, 그리고 현재와 미래까지 공감하고 수용하려는 양육자를 만난다면 그 시간은 장담할 수 없지만 좋아진다고, 좋아질 거라고 믿을 수 있지 않을까요? 사회적으로 욕구가 충족된 포유동물은 싸움을 원하지 않는다고 합니다. 사회적 욕구가 충족되었다는 건 몸과 마음이 정기적으로 사랑받고 의사소통을 했다는 걸 의미합니다. 사랑이 담긴 즐거운 놀이와 대화로 상호작용을 충분히 경험하고, 힘들 때 지속해서 위로를 경험한 아동, 공감과 수용을 경험한 아동은 그런 경험이 없는 아동과 비교해 훨씬 덜 공격적입니다. 굳이 과학적 근거를 들지 않더라도 깊은 사랑과 지지를 경험하면 사람이 온화해지고 보다 좋은 태도로 일상을 살아간다는 건 상식일 것 같습니다.

2) 느긋하게 버텨주기

아동도 어른처럼 사랑으로 상처를 받습니다. 그러나 아이들이기에 사랑하는 사람과 헤어져 살지만 금방 다시 정상적인 삶을 계속 산다는 인상을 주기도 합니다. 언어 표현에 한계가 있어서 그렇기도 하고, 아직 어려서 슬프고 힘든 일을 겪어도 뛰어놀 수 있습니다. 어떤 학자는 아이들은 억제할 수 없는 운동 충동을 느끼도록 발생학적으로 프로그램되어 있어서 큰 상실을 겪은 뒤에도 여전히 달리고 뛰고, 어딘가에 올라가고 소리 지르며 공놀이한다고 말합니다. 정말 그렇지요. 상실의 슬픔을 가지고 있어도 아이들은 활발하게 활동하기도 합니다. 어른은 그럴 때 '잘 적응하는 것 같다.'라고 안심하게 되지요. 어른의 일반적인 상식으로는 '큰 슬픔을 만나면 가만히 앉아 있거나 많이 내향적일 수 있다. 우울한 게 정상이다.'라는 생각을 할 수 있습니다. 그러니 아동이 또래와 어울려 놀고 학교를 잘 다니면 '역시 애들은 금방 적응한다.'라고 안도하게 됩니다. 그러다 갑작스럽게 아동이 슬픔이나 그리움으로 인해 괴로움을 드러내면 당황스럽습니다. 아동이 이야기하는 도중에 느닷없이 그런 감정을 드러내면 우리는 다가가 그 감정을 다루고 함께 해주려고 합니다. 그런데 그 순간 또 아동은 자기 방식대로 슬픔이나 고통을 느끼거나 표현하고 나서 타인의 도움이나 반응에는 관심도 없다는 듯 자신의 새로운 활동으로 넘어가 버립니다. 이럴 때 양육자는 당황스럽습니다. '뭐야, 왜 저래? 뭐가 더 있을 것 같은데 왜 저러는 거야? 하여간 애들은 어쩔 수 없다니까.' 하는 생각이 들지도 모르겠습니다.

이런 현상을 두고 마곳 선더랜드는 "돌보는 성인이 그 감정과 접촉하려는 순간, 종종 아동은 마치 잽싸게 벌레를 낚아챈 다음 다시 날아가는 새처럼, 자신이 정한 시간과 속도에 따라 잠시 슬픔을 느껴본 후에 다시 새로운 활동으로 되돌아간다. 그가 속도를 조절하도록 존중할 필요가 있다. 그 새는 여러 번 다시 되돌아올 것이다."라고 말합니다.

아동이 시설에 오기 전 경험한 상실에 아무런 영향을 받지 않은 것처럼 보일지라도 보이는 모습에 넘어가지 말아야 합니다. 양육자는 아동이 경험하는 슬픔과 애도 반응의 흐름을 그대로 따라가면 됩니다. 아동이 원하지 않는데 도와주고 싶은 마음에 오래 붙들고 그 슬픔을 들려 하지 않아야 합니다. 아동은 아직 자신이 겪은 엄청난 상실을 정교하게 언어로 표현하기 어려운 나이입니다. 매우 유쾌하고 활동적으로 보이더라도 아동은 사랑하는 가족과 함께 살 수 없는 상실의 고통을 가지고 있습니다. 말로 표현하기 매우 힘듭니다. 그림이나 음악으로 나타낼 수 있지만, 표현의 말을 스스로 찾기 어려워 어른, 전문가의 도움이 필요할 때도 있습니다. 자신의 슬프고 고통스러운 감정을 표현할 수 있는 말을 찾지 못해 행동을 통해 마음을 나타내는 경향이 있음을 기억해주세요. 우리가 문제행동이라고 부르는 것들이 아동의 감정이 밖으로 나오는 것일 수 있습니다. 학습장애, 수면장애, 폭식이나 거식, 악몽, 갑자기 화를 내거나 잘 지내는 것처럼 보였는데 철수 물러서기 하고 소심하고 무력해지거나 자해를 하는 것이 그 예입니다. 이런 증상은 아동의 슬픔을 표현하는 방식입니다. 양육자가 이를 알고 느긋한 마음을 가져주면 됩니다. 빠른 회복을 독촉하거나 '왜 저래?'라고 반문하지 않고 '그래, 안다. 이별과 상실에 대해 세련된 말로 설명하기 어렵겠지. 네 괴로운 감정을 말로 잘 표현하지 못하고 우리를 걱정하게 하는 행동들로 네 마음을 표현하는 거지. 그래, 알아.'라는 자세로 버텨주시길 부탁드립니다.

또 하나 기억할 것이 있습니다. "마음을 강하게 먹어라.", "바쁘게 움직이면 잊게 된다."와 같은 회복을 독촉하는 표현을 하지 않는 겁니다. 상실의 슬픔은 그렇게 빨리 벗어나고 아무렇지 않게 일상으로 돌아갈 수 있는 게 아닙니다. 상실로 인한 슬픔과 고통은 '극복해야 할 대상'이 아니라는 거지요. 바쁘게 살려고 노력하고,

강해지려고 마음먹고 의지를 다지는 건 지금 경험하는 상실의 고통으로부터 주의를 분산시키는 데는 조금 도움이 되기도 합니다. 그러나 그런 노력은 대체로 감정을 억압하게 합니다. 억압했던 감정은 언젠가 다른 모양으로 돌아옵니다. 애도를 생략했을 때 아동이 겪는 여러 어려움이 거기에 해당됩니다.

상실로 인해 달라진 일상을 이해하고 받아들이고 다시 적응해야 하는 아동에게는 애도할 시간과 탄탄하게 버텨주는 좋은 어른이 필요합니다. 그래서 아동의 특성을 이해하고 회복을 독촉하지 않고 마음의 여유를 가지고 지켜보는 어른이 있어야 합니다. 아동에게는 충분한 시간과 도움이 필요하다는 것을 기억해주세요.

3) 애도 감정을 나누기

상실과 관련한 감정을 있는 그대로 표현하도록 격려하기

애도는 시간이 지나면 자연스럽게 좋아지고 상실에 대한 기억이 지워지기를 기다리는 수동적인 작업이 아닙니다. 이전과 달라진 현실을 받아들이고, 그 속에서 삶의 의미와 가치를 재발견하는 일이 애도니까요. 그러니 이 과정을 미성숙한 아동이 혼자 감당하려면 참 버겁습니다. 때로는 양육시설에서 그냥 숨죽여 있든, 앞에서 다

룬 것처럼 잘 지내는 것처럼 보이든, 아동의 시간은 고통스러운 경험으로 인해 멈춰 있기도 합니다. 그래서 애도는 상실을 경험한 아동의 작업 working 이 요구되는 과정입니다. 특별히 아동이 이 시간을 어떻게 보내는지는 정체감 형성에 영향을 미칩니다. 그러므로 건강한 애도를 위해 무엇을 어떻게 애도하는지는 중요합니다. 아동의 애도 과정을 돕는 양육자의 역할은 아동의 상실 경험을 잘 듣고 그 이야기가 완결되도록 가까운 거리에서 돕는 것입니다. 해결되지 않은 많은 감정으로 혼란스러운 아동은 누구에게 이런 감정을 말할 수 있을까요? 이럴 때 우리가 믿을 수 있는 건강한 어른이 되어주면 좋겠습니다.

애도 작업은 상실이 발생한 시점에서 멍하게, 무력하게 해결되지 못한 감정이 남아있는 관계를 완결하는 일입니다. 해결되지 않은 감정을 소통하는 과정입니다. 잃은 것은 무엇인지, 사랑했지만 더는 함께할 수 없는 잃어버린 대상과의 관계에서 남아있는 감정은 무엇인지, 그리고 그 감정은 아동에게 어떤 의미가 있는지 명확하게 알면 제대로 애도하고 일상으로 돌아갈 수 있습니다. 아동이 말하고 싶은 대상은 자신과 끝까지 함께 하지 못한 부모일지도 모릅니다. 그러나 부모, 가족을 상실한 아동은 말하고 싶고 말해야 할 (상실) 대상이 존재하지 않습니다. 그러므로 전달되지 않은 감정을 누군가는 들어주어야 합니다. 소중하지만 잃어버린 대상과의 관계에서 해결되지 못한 감정을 찾아가고 그 마음을 전달하는, 의사소통을 도울 사람이 필요합니다.

4) 좋은 정서적 메시지 전하기

본인 의지와 무관하게 사랑하는 이를 잃은 아동에게 우리는 아래와 같은 정서적인 메시지를 전달하는 게 중요합니다. 매번 말로 표현하지 않아도 괜찮습니다. 양육에서는 비언어적 메시지가 가진 힘이 매우 큽니다. 아동을 바라보는 시선과 기본 마음이 좋은 메시지를 전할 준비가 되어 있으면 충분합니다. 양육자가 먼저 좋은 메시지를 가득 담고 있어서 필요할 때 하나씩 꺼내서 전달하면 됩니다.

언어 메시지

• 사랑하는 가족, 사랑하는 사람과 헤어진 것은 매우 고통스러운 일이란다.

• 처음 이별, 상실을 경험하면 황량한 벌판에 혼자 서 있는 것처럼 외롭고 두렵지만, 시간이 흐르면, 계절이 바뀌듯 따뜻한 날이 온다.

• 사랑하는 사람을 잃거나 헤어져 살면, 한동안 이렇게 살게 된 내 삶이 싫기도 하고 일을 이렇게 만든 사람을 미워할 수 있다.

• 소중한 사람이나 물건을 잃으면 사람은 운다. 그럴 때는 울고 싶어지는 게 매우 자연스러운 일이란다.

• 어른도 때로는 정말 소중한 사람과 이별하면 폭포수와 같은 눈물이 쏟아진단다.

• 슬프고 절망스러울 때 우는 건 부끄러운 일이 아니다.

• 마음이 너무 힘들 때 너를 도와줄 수 있는 사람은 어디에든 있어. 도와줄 사람이 없고 너 혼자라고 생각지 말아다오.

• 사랑하는 부모 ^{가족} 와 헤어져서 낯선 곳에서 사는 건 엄청나게 힘든 일이야. 그러니 너 자신을 괴롭히지 말아라. 자신에게 넉넉하게 대하는 마음과 태도가 필요하단다.

• 함께 살지 못해도 사랑하는 사람에 대한 기억은 누구도 빼앗아 갈 수 없단다. 네가 가진 좋은 기억은 보물 같은 거야.

• 때로는 마음이 너무 아플 수도 있어. 사람들은 그 고통이 사라지기만 바라게 된다. 그런데 팔다리가 다치고 피가 나면 약이 필요하듯, 우리 마음의 고통에도 약이 필요해. 그때 최고의 약은 네가 정말 좋아하고 믿을 수 있는 사람에게 용기를 내서 울고 네 마음을 말하는 거야. 네가 얼마나 마음이 아팠는지, 네 상처가 얼마나 큰지 말하는 게 너에게 도움이 돼.

• 사랑하는 OO ^{상실한 가족} 을 잃어버려서 다시 볼 수 없게 된다면, 다시 볼 수 없다는 걸 알면서도 OO을 찾고 기다리는 건 매우 당연한 일이야. 절대 돌아오지 않고 만날 수 없다는 걸 알지만, 지나가다가 거리에서 만날 수도 있다고 생각하는 건 정말 자연스러운 거지. 잃어버린 OO을 찾고 싶어 하는 마음이니까.

• ^{부모의 이혼이나 죽음을 두고 아동이 비합리적인 죄책감을 느낄 때} 네 잘못이 아니야. 네가 화내고 말 안 듣는다고 가족이 헤어져 살거나, 다치거나 아프거나 죽지 않아.

비언어 메시지

- 부드럽게 안아주기
- 몸을 써서 놀기
- 아동의 상상 놀이에 참여하기, 신체 접촉이 필요하다면 아동과 함께 앉아 진지하게 관심을 가지고 시간을 보내주기

5) 상실 이후 환경과 삶에 적응하기

　상실로 인해 겪는 아픔과 슬픔이 단번에 해결되는 방법은 없습니다. 소중하고 중요한 관계를 상실한 새로운 환경을 내 것으로 받아들이고 변한 삶과 환경에 적응하는 애도 과정을 성실하게 보내면 됩니다. 되도록 자신과 주변에 가장 도움이 되는 선택을 하는 하루하루가 쌓이면 상실로 멈췄던 시계가 다시 앞으로 가기 시작합니다.

　상실 이후 적응은 아동과 대상이 얼마나 친밀하고 좋은 관계를 맺었는지에 달려있습니다. 매우 친밀하고 좋은 관계를 맺은 대상을 상실했다면, 애도의 시간이 그만큼 길게 필요할 수도 있습니다. 우리는 아동의 그 시간을 기다려주면 됩니다. 상실의 경험이 삶에 재정립되는 것이 의존하고 사랑했던 대상을 잃었으니 다 잊고 새롭

게 시작한다는 의미가 아닙니다. 현재 아동의 삶 속에 상실한 대상, 즉 아동을 양육시설에서 살게 만든 부모, 혹은 가족이지만 아동의 삶 어딘가에 그 자리를 다시 마련해주는 작업입니다. 더는 주 양육자의 자리에 앉을 수 없지만, 그래도 아동이 어딘가에 그 대상을 두고 싶어 한다면 시간이 걸리더라도 차차 찾아서 마음과 삶 어딘가에 새롭게 자리 잡게 해주면 됩니다. 물론 이건 아동이 할 일입니다. 우리는 "네가 잃어버린 대상이 물건이든 사람이든 아무리 소중해도 그것을 상실했다고 해서 오늘 너의 삶이 멈추는 건 아니다."라는 메시지를 언어-비언어로 전달하는 사람입니다. 마치 시간이 그 순간 멈춘 것 같은 경험을 하지만, 그래도 잃어버린 것의 일부는 안고 가고, 또 다른 일부는 보내주도록 아동을 돕는 존재, 아동이 대상의 관계와 기억을 재구조화하면 건강하게 애도 과정을 진행하고 갈 수 있도록 버텨주는 존재, 곁을 내주는 사람, 찾아가서 말하고 싶은 사람이 되어주는 게 양육자의 좋은 자세입니다.

가장 마음 아픈 이야기가 있습니다. 상실할 사람조차 가져보지 못한 아동도 있다는 겁니다. 삶의 시작 단계에서 버림받거나 홀로 남겨진 아이도 있습니다. 그런 아동은 자신이 조각나고 소멸할 것 같은 원초적인 공포를 느끼며 자라게 됩니다.

사랑받지 못한 사람은 사실 살고 싶어 하지 않습니다. 1·2차대전 이후 심리학자들의 관찰 결과가 이를 보여줍니다. 의식주는 잘 제공했지만,

사랑의 손길이 부족한 고아원의 영아들은 사망했습니다. 그러나 의학적으로 아픈 아기들도 마음이 따뜻한 양육자가 안고 업고 키운 경우는 질병의 강도와 무관하게 모두 생존했습니다.

사랑이 담긴 접촉이 존재를 살게 하고 위로가 된다는 걸 보여준 사례는 사람뿐만 아니라 할로우의 원숭이 연구에서도 찾을 수 있습니다. 어미와 떨어져 있는 새끼원숭이들에게 철사로 만들고 먹이를 가진 원숭이와 먹이는 없지만 헝겊으로 만든 원숭이를 줍니다. 새끼원숭이들은 우유와 먹거리를 제공하는 철사로 만든 어미 원숭이에게는 밥 먹을 때만 가고, 놀고 싶을 때, 갑자기 놀랄 때는 헝겊으로 만든 어미 원숭이에게 찾아갔습니다. 이처럼 위로와 접촉은 생명체에게 매우 중요한 경험입니다. 그러니 상실할 대상조차 없었던, 부모나 가족과 어떠한 연결·관계와 사랑을 경험해보지 못한 아동은 어떤 상태인지 언어로 설명하기가 어렵습니다.

이처럼 상실할 대상조차 없던 아동, 애착 관계를 형성해보지 못한 아동에게는 사랑의 감정을 경험하도록 신체적으로도, 정서적으로도 안아주는 게 매우 중요합니다. 아동에게 위안과 위로가 필요할 때 찾아가고 싶은 사람이 있어야 함을 의미합니다. 아동에게 그런 사람이 있는지 민감하게 관찰하고 살펴주는 것이 우리의 임무입니다. 그런 사람이 없다면, 아동이 공격성과 폭력성에 물들기 전에 개입해야 하니까요. 아동의 통렬하고 비참한 슬픔을 처리할 방법을 함께 찾아가는 '찾아가고 싶은 사람,' '좋은 어른'이 사회 곳곳에 있어야 하는 이유입니다.

마곳 선더랜드가 말한 상실을 경험한 아동을 돕기 위해 '심각한 상황으로 지켜봐야 하는 특징'을 소개합니다.

1. 다음 중 다섯 개 이상의 증상이 2주일 이상 지속적일 때는 전문가의 도움이 필요합니다.

• 거의 종일 우울한 기분
• 일상의 흥미와 즐거움 감소
• 급작스러운 체중 증가나 감소
• 과도하게 많이 자거나 극심한 불면증.
• 신체적으로 흥분상태가 계속, 반대로 신체적 움직임 둔화.
• 회복이 안 되는 지속적 피곤.
• 죄책감
• 무가치감
• 죽음과 자살 생각에 몰두.

2. 아동의 상실-애도 과정에 아래와 같은 문제가 있는 경우에도 전문가의 도움을 고려해야 합니다.

• 분노에서 벗어나지 못하는 경우
• 상실감을 특정 물건이나 사람에게 긴 시간 옮겨두고 강박적으로 행동하는 경우
• 예: 자신이 좋아하는 특정 인형이 있는지 계속해서 확인해서, 이전

에 일어난 상실이 앞으로는 일어나지 않게 하려 하는 것 길게는 몇 년씩

• 새로운 외부세계에서 관계를 맺지 못하고 과거의 관계를 가지고 내면

세계에만 머물러 있는 경우.

• 끝없는 절망 속에 빠져서 회복되지 못하는 경우

• 다른 사람도 자신을 떠날 거라는 두려움으로 인해 다시 친밀한 관계

를 맺으려 하지 않는 경우

"슬픔에게 말을 주세요.
말로 표현되지 않은 슬픔은 괴로워하는 가슴에게
찢어지라고 속삭인답니다."

5장

상실과 애도에 관한
양육자, 자립청년 인터뷰

상실과 애도에 관한 경험들을 10-20년 경력의 양육자 5명과 자립청년 4명의 개인 인터뷰를 통해 들여다보았습니다. 이 이야기들을 통해 앞으로 어떤 부분들이 더 필요할지 생각해볼 수 있을 듯 합니다.

1
양육자 인터뷰 :
상실과 애도에 관한 경험

1) 아이들이 부모님에 대해 궁금해했던 시기와 질문

발달 시기 중 특정 시기에 부모에 대해서 궁금해 하기보다는 각 발달 시기에 겪게 되는 삶의 이슈와 맞물려서 아이들은 부모에 대해서 생각하게 되고, 선생님들에게 질문을 하는 것 같습니다. 유아기와 초등 시기에는 친구들과 다른 자신을 보면서 부모에 대한 질문이 생기는 것 같고, 청소년기에는 취업이나 결혼, 자립이라는 삶의 중요한 이슈 앞에서 부모에 대한 질문을 하게 되는 것으로 보입니다.

"6~7살 정도 되면 선생님에게 '엄마가 진짜 엄마야? 엄마가 나 낳았어?'라고 물어봅니다."

"어린이집에서 주말 동안 있었던 이야기 나누기하면 일반아동들은 엄마, 아빠하고 놀이동산 등 부모와 함께 보낸 이야기를 하니까 집에 와서 '저는 왜 엄마, 아빠가 없어요?'라고 질문을 해요."

"미취학일 때는 그리 질문을 하지 않아요. 초 2, 3학년쯤 되면 한 번씩 질문하고, 다른 아이들이 연고자를 만나고 오면 우는 아이들이 있어요."

"중학생이 되면 질문을 하는 경우가 있어요."

"고등학생이 되어서 여자 친구를 사귀면 결혼을 생각하면서 '결혼식장에 엄마, 아빠가 와야 하는데 누가 와요? 부모님 소개해야 하는데 우리는 어떻게 해요?'라고 묻는 아이들이 있어요."

"특성화고 다니는 아이들은 친구들이 부모님의 도움으로 취업을 하거나 부모님의 직업에 영향을 받는 것을 보면서 부모님에 대해서 궁금해 하는 경우도 있어요."

"퇴소를 앞두고 2~3달 전에 걱정이 되면서 부모에 대해서 궁금해 해요. 혼자 살게 되니까 부모님을 의지하고 싶어하는 마음에서 궁금해 하는 것 같아요. 그리고 정착금을 가지고 나가게 되니까 혹시 부모님이 신용불량이거나 감옥 생활을 하거나 불치병에 걸려서 나한테 정착금을 요구하면 어쩌지 걱정하는 마음에 물어보기도 해요."

2) 아이들의 질문과 선생님들의 대답

(1) 아이들의 질문

무연고 아동과 연고 아동의 질문이 다르고, 연고 아동이더라도 학대로 들어온 아동, 이혼으로 들어온 아동 등 아동이 원에 들어오게 된 이유가 무엇이냐에 따라 질문의 내용이 달라지는 것 같습니다. 무연고 아동들은 부모의 생존 여부에 대해서 궁금해하고, 연고 아동들은 어린 아이라면 부모가 언제 오는지, 부모가 살아있는지를 궁금해합니다. 어떤 아이들은 부모가 있는데도 자신을 원에 살게 한 것에 대한 분노를 갖고 있고, 부모의 이혼으로 원에 살게 된 아이들은 부모에 대해서 감추고 싶어합니다.

"좀 커서 온 아이들은 부모가 있는 걸 알기 때문에 묻는 경우가 많지 않고요. '왜 찾으러 안 올까요?'라고 질문하는 경우가 더 많아요."

"중간에 맡겨진 아이는 '우리 엄마, 아빠 언제 와?'라고 계속 물어봐요. 어린이날, 생일날, 명절에 오시기로 했다고 대답하고 넘어가는 것 같아요."

"미취학까지는 왕래하다가 몇 년간 연락이 없는 경우, '우리 엄마, 아빠 죽었어요?', '내 진짜 엄마, 아빠는 어디에 있어요?'라고 물어봐요."

"부모의 이혼으로 들어온 아이들은 부모 이야기를 하지 않아요. 감추려고 해요."

"오겠다고 하면서 계속 오지 않는 엄마에 대해서 사기꾼이라고 표현해요. '와도 안 볼 거다.'라고 이야기해요. 자기를 여기 살게 만들었다고 엄마 욕을 하면서 울기도 해요."

"무연고 아이들은 '엄마, 아빠가 살아있어요?'라는 질문을 하고, 학대로 인해 온 아이들은 부모를 싫어하지만 보고 싶어 해요."

" '이모는 저희 엄마 본 적 있죠?'라고 물어봐요. 모른다고 하면 '그럼, 원장님은 우리 엄마 알아요?'라고 물어봐요."

(2) 선생님의 대답

아이들의 질문에 대한 선생님들의 대답은 선생님들께서 아이들의 부모에 대해서 어떤 마음을 가지고 계신지에 따라 달라지는 것 같습니다. 아이들이 느끼는 슬픔이나 분노의 감정을 공감하지만, 바르게 살기를 원하고 또한 현실적인 부분을 생각할 수 있도록 대답해주시는 것 같습니다.

"유아들의 막연한 질문에는 '엄마가 어딘가에는 있어. 조금 기다려 볼까?'라고 하면서 넘어가거나 '우리 OO이가 잘하고 있으면 출장 갔다가 기다리면 오실 거야. 좀 기다려 볼까?'라고 대답해요."

"'내가 너를 낳지 않았지만 너의 엄마 역할을 하고 있어. 엄마가 너를 사랑해서 낳았는데 너를 키울 수 있는 상황이 아니라서 지금 우리랑 살고 있는 거야'라고 말해요."

"무연고 아이에게는 '나는 못 봤지만, 엄마는 분명히 있고 언젠가는 찾으러 오실 수도 있다. 그때까지는 여기에서 살아야 하고, 바르게 살고 있어야 하지 않겠니.'라고 말해요."

"엄마, 아빠가 있는지만 알고 싶다고 말하는 아이에게는 '우리가 찾을 수가 없다. 현실적으로 어렵다. 부모님들이 너를 찾아오지 않는 이상 우리가 찾기는 어렵다. 부모님을 찾아서 너에게 좋을지 모르겠다. 네가 실망할 수도 있고, 안 좋게 될 수도 있다.'라고 말하는데, '아이들을 버린 부모는 정상적이지 않은 부모가 아닐까? 아이들에게 도움이 되지 않을 수도 있다.'라는 생각이 있어서 아이들에게 이렇게 얘기하는 거 같아요."

"'너 태어나게 해주신 분인데 그렇게까지 너무 나쁘게 생각하면 너 기분도 나빠지니까 너무 나쁘게 생각하지 마.'라고 이야기해요. 아이들의 분노에 맞장구쳤다가 더 분노감이 커질까 봐 걱정되는 마음도 있어요."

"'잘 키워줄 수 있는 부모가 아니라면 여기서 좋은 선생님 만나고, 좋은 프로그램도 만나서 잘 클 수 있어'라고 위로해줘요."

(3) 아이들의 반응

부모에 대한 분노 감정이 큰 아이들은 선생님의 위로나 현실적인 이야기를 잘 들으려고 하지 않는 것 같습니다. 하지만 아이가 선생님과 좋은 신뢰 관계를 맺고 있다면 부모를 향한 원망이나 궁금함을 이야기하면서 선생님께 위로를 받습니다.

"저의 말을 잘 안 들으려고 해요. 그 말 자체도 안 먹히는 아이들이 있어요."

"체념하는 듯하고 '나를 달래려고 선생님이 저렇게 말하는 거야'라고 생각하는 것 같아요. 그래서 말이 잘 안 들어가는 것 같기도 해요."

"큰 애들은 '괜찮아요. 샘.'이라고 이야기해요."

"좋은 관계와 신뢰 관계 속에서는 아이들이 위로를 많이 받아요. 위로를 받기 위해 대화를 먼저 시도하기도 해요."

3) 아이들의 질문에 대답하기 어려운 경우들

아이들의 질문이나 반응에 대해 대답하기 어려운 경우는 입소 배경에 대해 이야기하기 어려울 때, 부모에 대해 비난하는 말을 할 때, 자기를 데려갈 거라는 기대가 있는 아이가 실망할 때, 선생님과 살고 싶다고 이야기할 때입니다.

(1) 입소 배경에 대해 이야기하기 어려울 때

"엄마가 다른 남자와 살고 있을 경우, 미혼모인 경우, 아이가 유기되었을 경우에 대답하기가 참 힘들어요. 이런 경우 아이들은 '에이 알잖아요', '나는 여기 있는데, 지는 지 인생 잘 살고 있겠죠!'라고 말하지만 꼬치 꼬치 캐묻지는 않아요"

(2) 부모에 대해 비난하는 말을 할 때

"'니 에미', '내 에미 뒤졌다', '누구는 에미 없잖아'라고 서로 농담처럼 이야기할 때 못하도록 제재를 하지만, 자기를 버린 것에 대한 분노로 부모를 비난하고 놀리는 듯한 표현들을 한다고 생각해요. 서로에게 너무 상처 주는 말이니까 '아마 그분들도 나름대로 상황이 있을 거다'라고 이야기하지만 솔직히 무책임한 부모, 욕먹어도 싼 부모라는 생각이 드는 것도 사실이에요."

(3) 자기를 데려갈 거라는 기대가 있는 아이가 실망할 때

"엄마 얼굴도 아는데 연락이 단절된 아이들의 경우 '너희들이 잘 못 한 거 아니니까 부끄러워하지 않아도 된다'라고 이야기해주었어요"

"'샘, 우리 엄마 좀 찾아줘요','우리 엄마 어디 있을까요? 찾았는데 못 살고 있으면 어떻게 할까요?'라고 상처 안 받는 척하면서 농담 반 이야기하는 경우도 있어요."

"특히 미취학, 초등 아이들은 연락을 기다려요. 무연고 아동인데도요. 어떤 대답도 정답이 아니고, 아동에게 상처가 될까 봐 이야기하기 어렵습니다"

"누구에게나 사랑받을 존재라는 것을 알고 있지만, 어른들의, 또래의 좋지 않은 시선을 받아서, 또는 스스로 소외감을 받아서, 자격지심이 있을 때 대답하기 힘들어요"

(4) 선생님과 살고 싶다고 이야기할 때

"아이가 나와 살고 싶다고 하면서 눈물을 펑펑 흘릴 때 안되는 이유와 현실을 이야기해줘야 하는데 참 어렵더라고요."

4) 상실과 애도에 관한 안내의 필요

이제까지 특별히 안내나 교육을 받은 적은 거의 없고, 알아서 대처하셨던 것으로 보입니다. 아래와 같은 안내나 교육이 있으면 좋겠다고 이야기해주셨습니다.

"상실과 애도를 이해하는 큰 틀, 원인과 해결책, 앞으로 어떻게 해야 할지에 대한 안내가 있었으면 좋겠다."

"입소 시기[무연고, 미취학, 초등], 입소 배경[학대, 방임, 유기], 상황[아이들이 감정을 쏟아낼 때, 얘기를 듣고 나서 울거나 욕할 때]에 따른 안내가 있으면 좋겠다."

"아이들이 질문할 때 마음 읽어주기, 어디까지 대답해야 할지, 어떻게 애도를 도울 수 있을지, 우리가 두려워하는 것은 무엇인지, 대답할 때 적절한 단어 선택 가이드와 대화 형태의 안내가 나오면 도움이 될 것 같습니다."

"기본적으로 버려짐에 대한 분노가 있어서 중학생이 되면 드러나는 것 같습니다. 이 분노를 어떻게 다루어야 할 것인지 참 어렵습니다."

"이런 부분이 궁금합니다 - 과연 아이의 배경을 알려주는 것이 좋은지 나쁜지 모르겠다.

아이가 받아들일 수 있는지 어떻게 알 수 있을까? 아동이 궁금해할 때마다 알려줘야 하나?

퇴소할 때 알려줘야 하나? 사실대로 알려줘야 하나? 긍정적으로 포장해서 알려줘야 하나?

아이들이 때가 돼서 부모님에 대해 알고 싶어 할 때 상처가 될 텐데 어떻게 알려줘야 할지?

아이들이 다른 아동과 다르지만 어떻게 건강하게 잘 자랄 수 있을지?

아동이 부모님에 대해 알았을 때 어떻게 대처해야 할지?"

"부모가 아이를 챙기러 올 때, 부모가 오지 않는 아이들에게 어떻게 해줘야 할지 모르겠어요."

"퇴소 이후 부모를 찾기를 원하는 아동은 어떻게 도와줘야 할지도요. 지금은 일단 자립담당 선생님이 담당하시고, 원에 연락처가 있으면 구청 직원에게 연락하고 구청에서 부모에게 연락하게 됩니다. 이후 부모의 의사에 따라 만남 여부가 달라집니다, 아이들이 경찰이나 흥신소에 가서 부모를 찾는 시도를 하는 경우도 있습니다."

2
자립청년 인터뷰:
상실과 애도에 관한 경험

1) 부모에 대해 궁금해했던 시기와 질문들

연고 아동과 무연고 아동의 부모 상실 경험에는 차이가 있는 것 같습니다. 무연고 아동은 초등학교 고학년 때부터 내가 다른 아이들과 다르다는 걸 느끼기 시작하면서 생부모에 대해서 궁금해지는 것으로 보이고, 연고 아동은 청소년기를 지나면서 부모에 대한 마음을 정리하고 싶어 하는 시기가 오는 것 같습니다.

부모에 대해 궁금해지면 선생님께 물어보거나 어릴 때 키워주신 양육자에게 물어보는 경우가 대부분이었습니다. 그러다가 퇴소하게 되면서 경찰서에 가서 찾아보거나 흥신소 같은 곳에 의뢰하는 경우들이 있었습니다.

"너무 어릴 때 들어와서 부모님에 대한 기억이 아예 없었는데, 크면서 가정이 있는 친구들과 다르다고 느끼기 시작하면서 부모님에 대해서 궁금해졌어요."

"초 4때 부모님에 대한 걸 찾고 싶었어요. 선생님한테 우리 엄마, 아빠 어디있냐고 물어봤어요."

"무연고든 연고든 같다는 생각을 했는데, 폭력이나 집단 괴롭힘이 있을 때 부모님들이 많이 왔었는데, 무연고 애들은 부모님들이 오시지 못하니까 선생님들이 해결하셨어요. 그럴 때 다른 친구들과의 차이점을 점점 느끼게 되었어요."

"가족관계 증명서를 떼러 갔는데 몰랐던 가족 관계를 알게 되었어요. 그래서 가족에 대해서 정리하고 싶은 마음이 들었어요. '왜 이렇게까지 파국으로 왔을까? 뭐가 문제였을까? 왜 우리 엄마, 아빠는 이런 상태가 되었나? 나는 우리 부모님이 키울 여력이 안 돼서 여기에 왔고, 여기에서 자라서 나가는 게 목적이겠다'라고 빨리 깨달았어요. 세상이 부정적으로 보였고, 학습에도 지장을 많이 미쳤어요. 일단은 부모가 정서적 지원을 못 해주다 보니 공부 흥미도 많이 떨어졌어요. 현실적으로 돈이 필요하니 돈을 벌러 가야겠다는 생각이 앞섰어요."

"학창시절에 부모에 관해 묻는 질문이 많았기 때문에 엄마, 아빠의 인적 사항을 적어야 할 때 당황스러웠고, 초등 때는 가족 관계도 그리는 수업에서 모르는 개념이 너무 많았어요."

"학교에 다니면서 다른 친구들과의 차이점을 점점 느끼게 되었어요. 친구들은 용돈도 받아 쓰고 고민 걱정이 없는데 나는 보육원에 사는 것을 숨겨야 했고, 분노가 쌓이고 아버지에 대한 원망을 표현하거나 해소하지는 못했어요. 가끔 아버지를 마주쳐도 퉁명스럽고 불편하게 대하고, 아버지랑 밥 먹는 것도 싫었어요. 아버지에 대한 나의 태도를 보고 형이 욱해서 나를 때렸어요. 버릇이 없다고. 그래서 폭발해서 아빠가 나한테 해준 게 뭐가 있느냐, 짐을 싸 나와서 한동안 보지 않았어요. 5년 동안 후련했어요. 아빠에 대한 감정을 안 가져도 된다는 것이."

"선생님께 물어봤어요. 어릴 때 키워주신 양육자에게 물어보기도 했어요. 그런데 제가 자란 보육원 같은 경우는 부모에 관한 것은 비밀이라는 무언의 규칙이 있었어요. 유기되거나 버려진 것을 다른 친구들이 알게 되면 놀림 받는 경우가 많아서 조심스럽게 생각하고 거의 말을 안 해주는 경우가 많았어요."

"늦게 들어온 친구들은 부모에 대해서 본인이 알고 있었지만, 나는 계속 궁금했어요. 처음에 입소했을 때 어떻게 입소하게 되었는지 적는 아동 카드에 적혀있었지만, 창고 같은데 잠겨져 있어서, 친구들과 몰래 들어간다거나 했었어요. 모두가 궁금해하는 차원이었던 것 같아요."

"경찰서에 가서 찾는 친구들도 많았어요. 부모님을 찾아주는 곳 사람을 찾습니다 에서 찾아보는 친구들도 있었어요. 그렇게 찾거나 했을 때 엄마들이 자신의 존재를 잊고 새 출발을 한 경우가 많아서 상처 입은 친구들이 있었어요. 그래서 원에서는 솔직하게 이야기하지 않으셨던 것 같아요."

"그때는 별생각이 없었어요. 서류관리가 잘 안 되어 있는 경우가 많아서, 그렇게 말할 수밖에 없겠구나 하고 지금은 생각해요. 원 안에 있을 때는 친구들이 부모님이 없는 경우가 많아서 나도 없고 친구도 없고... 그래서 별로 생각 안 했던 것 같아요. 퇴소 후에는 부모님을 찾는 경우가 많았어요. 뿌리에 대한 궁금증, 나를 온전히 이해해줄 사람에 대한 갈망이 있었어요. 친구들이 같이 부모 찾으러 가자고 하고, 나는 이렇게 살고 있는데 부모는 뭐 하나 하는 맘이 들기도 하고."

2) 선생님들의 대답과 나의 반응

선생님마다 아이들에게 대답해주시는 것이 달랐던 것 같습니다. 특히, 입소 카드에 미혼모나 버려졌다고 기록되어 있을 경우, 부모가 새로운 삶을 사는 경우, 상처가 될까 봐 모른다고 하시거나 말씀해주시지 않았던 것 같습니다. 때로는 아이가 상처받지 않도록 둘러대시다 보니 서로 말씀이 달랐던 것 같습니다.

"어떤 선생님은 진짜인지, 거짓인지 모르겠으나 아빠가 맡겼다고 하기도 하고, 유기되었다는 말도 있고, 말이 달랐어요. 나중에 퇴소 이후에 알고 싶다고 연락을 했을 때는 선생님이 '굳이 안 봤으면 좋겠는데… 혹시 상처받을까봐.'라고 대답해주셨어요. 미혼모이거나 버렸다는 것이 정확한 경우 말하기를 꺼려하시는 것 같아요. 그런 반응들에 대해서 어릴 때는 그런가보다 했는데 퇴소 이후에는 '이것은 내 권리인데 왜 쉬쉬하고 그러는 거지'라는 생각이 들었어요."

" '몰라'라고 대답하시고 모른 척하셨어요. 예상 밖의 대답이라서 속상하고 많이 울었어요. 좀 더 쉽게 얘기했다면 더 받아들였을 텐데, '몰라'라고 하니까 속상했어요."

"선생님이 부모라고 생각했어요. 친엄마라고 생각했어요. 퇴소 시기가 가까워져서 19살에 한 번 더 물어보았는데 어떤 서류를 주셨어요. 그 종이를 보고 손이 벌벌 떨리더라구요. 부모가 죽었는지, 살았는지 모르는 상태여서…. 소리 없이 울었어요."

3) 그 시기 필요했던 도움이나 안내

좀 더 섬세하게 다가와 주시고 개입해주셨으면, 그리고 그 질문의 이면에 있는 외로움도 알아주셨으면 하는 바람이 있었습니다. 아이의 문제행동에 대해서 아이를 문제아로 낙인 찍기 보다는 좀 더 이해해주시고 살펴주시기를 원했습니다. 한 양육자가 좀 더 오랜 시간 한 아동을 돌볼 수 있는 구조가 되기를 바랐습니다.

"심리상담 선생님이 없었어요. 섬세하게 다가와주시기보다 '그걸 왜 궁금해하니? 알면 너 너무 상처받는다.'라는 건조한 말들만 있었어요. 사춘기 때 그런 생각 들 때 심리상담 선생님이 개입해주었으면 좋았을 것 같아요. 요즘은 좀 그렇게 되고 있긴 한데, 이야기할 수 있는 섬세하게 다가올 수 있는 사람이 필요해요. 그 이면의 외로움을 알아주시는…. 그리고 본인이 알고 싶다고 한다면 퇴소할 때는 솔직하게 알려주는 것도 필요할 것 같긴 해요. 실종아동을 찾는 것처럼 부모를 찾는 것도 수면 위로 올라와야 한다는 말을 들었어요."

"쉽게 얘기해줬으면 덜 상처받았을 텐데 무의식적으로 '몰라'라고 하니까 속상했어요. '너를 키우시려고 일하러 가셨어.'라고 말해주었으면 안심했을 거 같아요. 보육원 아이들은 사정이 있어서 맡겨진 경우가 많으니까요."

"오은영, 강형욱 씨를 봤을 때 아이가 문제라고 해서 가보면 그들을 대하는 부모나 주인의 문제가 많잖아요. '얘는 진짜 답이 없어. 진짜 문제야'라고 이야기하지만, 아이를 이해하는 것이 필요하지 않을까 싶어요. 아이를 이해해주고 살펴주셨으면 좋겠어요."

"양육시설의 상황이 바뀌어야 하지 않을까요. 오래 개별적으로 양육자가 돌보는 상황이 되어야 하는데, 그런 것도 아쉽고 양육자가 자주 바뀌는 것도 아쉬워요. 어쩔 수 없는 양육환경 때문에 상처를 받는 것 같아요."

"아버지가 직장이 없었어요. 평생 몸 쓰는 일을 하셨어요. 코로나 터지면서 일이 없으니까 돈이 없었어요. 부모님의 직업훈련이 됐다면 나는 학업을 해나갈 수 있었을 것 같아요. 아동이 힘든 걸 말했을 때, 부모님과의 상담을 통해서 직업연계가 되었더라면 하는 생각이 들었어요. 그리고 부모에 대한 정서적 치료가 필요하지 않았나 싶어요."

4) 부모 상실과 관련된 나의 주된 감정과 해결 방법

부모 상실과 관련된 주된 감정은 무연고 아동과 연고 아동이 다릅니다. 무연고 아동의 경우에는 부모님에 대한 그리움, 억울함 등의 감정이 있지만, 겉으로 표현하기보다 친구들과 부모에 관한 주제들을 웃음거리로 삼으면서 이야기를 했습니다. 자립 후, 정말 홀로라는 상황을 마주하며 외로움과 허전함을 많이 경험하고 있습니다. 반면, 연고 아동의 경우 부모에 대한 분노 감정과 부모를 걱정하는 마음의 양가감정을 가지고 있습니다.

"친구들이랑 부모님에 대해 이야기해요. 아이러니하게 부모에 관한 이야기가 시설 안에서는 터부시되었는데 친구들 사이에서는 흥미롭게 여기고 언제나 소재가 떨어지지 않는 주제였어요. '주로 누구 부모는 유기했다.' 비교도 하고, '나는 미혼모여서 길바닥 생활은 안 했다.' 그런 구분을 많이 지었어요. 유기된 아이들을 부모 있는 아이들이 보는 시선들이 있었어요. 재밌고 호기심 가득한 이야기이기도 하지만 그립고 억울하고... 그리움은 상상의 영역에 머물러있었고 친구들과 이야기하지는 않았어요. 어린아이 같은 느낌이 들어서. 친구들이 놀릴까봐. 친구들과 이야기할 때는 웃긴 이야기를 많이 했어요. 너네 엄마 이름은 손OO 이었을 것 같다. 진짜 생일이 아니라 버려진 날이 생일이다. 6월 생일이 많으면, 그달이 많이 버려진 달이다...라는 이런 이야기들을 진짜 많이 했어요."

"부모에 대한 마음은 변하는 것 같아요. 궁금증, 분노, 그리움... 퇴소 이후에 부모에 대한 마음이 가장 컸던 것 같아요. 원망이 컸죠. '내 인생이 너무 빡센데 어디 계시죠?' 부모를 안 찾은 이유는 부모가 오히려 경제적으로 뜯어내려고 하거나 부양을 부탁하거나 하는 경우도 많아서예요. 나도 살기 힘든데 부모님 계시면 더 빡세요. 나를 찾으려면 이미 찾았지, 아마 자기 가정이 있겠지... 자립 후 좀 심리적으로 튼튼해지면서 찾고 싶다는 생각을 별로 안 했어요. 결혼하거나 아이를 낳으면 부모에 대한 생각을 또 한다고 하더라고요. 생애주기에 따라 변하고 요동치는 것 같아요. 초등 고학년부터 중학생 때까지는 반항의 아이콘이었어요. 부모에 대한 상상이 많았어요. 일단 부자였으면, 양쪽 다 계셨으면, 젊었으면 좋겠고.... 고등학교 때는 이미 원망이 덜한 상태였어요. 퇴소한 후 친구들이 부모를 만나는 것을 보면서 내 상상이구나 라는 것을 알고 그리움이 많이 없어졌어요."

"주된 감정은 외로움인 것 같아요. 23년째 부모님이 안 계시니 혼자 외로워요. 외로움과의 싸움에 한계를 느낄 때가 있어요. 그러면 슬퍼요. 나도 부모님 있으면 맛있는 것도 많이 먹고 사고 싶은 것도 살 수 있을 텐데... 외로우니까 사람을 많이 찾게 돼요. 입양 가고 싶다는 생각을 했어요. 요즘 가슴으로 낳은 아이에 대한 영상을 많이 찾아보고 있어요. 이 분들은 부모를 만나는데 나는 왜 그러지 못할까 허망한 마음이 들어요."

"친구들한테 전화해서 '나 외로워. 만나러 와주면 안 돼?'라고 해요. 일주일에 하루만 남자친구를 만날 수 있는데 그 날만 기다려져요."

"보육원에서는 많은 아이들과 생활하고 추억이 많았어요. 시끄럽던 방이 혼자인 방이 돼서 너무 허전해요. 애들 많이 만나고 싶은데 몸이 많이 아프니까 많이 만나지도 못해요."

"초등고학년 때 다른 친구들과의 다름을 인지하게 되면서 보육원에 살고 부모님이 안 계시다는 것 처음엔 부정하는 마음이 있었어요. 언젠간 날

찾으러 올 거야. 언젠가 부모님이 돈을 벌고 찾아올 거야. 그러다가 찾아오지 않으면 그렇지 않은 것을 알면서 분노가 생겼어요. '뭐 하는 사람들이지?' 그리고 그립기도 하고, 언젠가 찾아올 거라는 희망을 품기도 하고, 여러 가지 감정들이 함께 들었던 것 같아요."

"분노였던 것 같아요. '사람 죽일 것 같이 분노로 차 있던 애가 어떻게 이렇게 유해졌냐?'라고 선생님들이 물어보세요. 고 3, 첫 학기부터 바뀌기 시작한 것 같아요. 일을 시작하면서, 사회생활을 하면서 바뀌었어요. 남들한테 잘 보여야 하니까, 예의도 갖춰야 하니까, 그게 맞다고 생각하기 때문에 사회생활이 힘들지 않았어요. 돈을 벌고 아빠의 빚을 갚고 내가 사고 싶은 걸 사면서 화가 풀렸어요. 시설에서도 내가 이러고 싶어서 게임을 붙잡고 싶은 게 아니라 현실을 도피하고 싶어서 이걸 붙잡고 있는 건데, '너는 사람이 아니다'라는 눈으로 나를 바라보는 것 같아 선생님들을 적으로 인식하게 됐어요."

"울기도 했고, 왜 이렇게 사나 싶기도 해서 옥상에 올라가서 울기도 했어요. 퇴소 이후에는 세상에 대한 호기심과 열정이 생겼어요. 퇴소 후 가지고 나온 돈도 50%로 줄어들었는데, 열정이 다시 올라오는 것 같아요."

"부모님들이 어떻게 보면 불쌍하고 안타까운 사람이고, 다들 한 때는 열심히 살았던 때가 있었던 걸 알지만, 너무 화가 나는 지점도 있어요. 제대로 된 교육을 못 받아서 슬퍼요. '부모가 이루지 못한 걸 자식들을 위해 노력했더라면 얼마나 좋았을까?'라는 생각도 합니다."

"아버지가 나를 너무 힘들게 하니까 죽었으면 좋겠다라는 생각이 들면서도 죽으면 어쩌지 라는 생각이 들기도 해요. 너무 힘들면서 걱정도 되고. 갑자기 돌아가시면 나의 감정들이 많이 무너질 것 같아요."

5) 부모 상실과 관련하여 내가 갖고 있는 생각(신념)

부모님이 안 계시다는 걸 알면 나를 떠나겠지, 나를 알게 되면 나를 떠나겠지 라는 생각들을 갖고 있는 것 같습니다. 그러다 보니 사람들에게 잘 보이려고 애쓰고 사람들의 눈치를 많이 보기도 합니다. 또한, 뒷배가 없으니 다른 사람들에게 미움을 받지 말아야지, 스스로 잘해야지 라는 생각도 갖고 있습니다.

"내가 나쁜 아이라서보다는 전생에 얼마나 많은 죄를 지었기에... 친일파였나 생각해봤어요."

"나의 진짜 이야기를 알면 나를 떠날 거다. 퇴소 이후에 이런 부분이 걸렸어요. 그래서 사람들에게 잘 보여야 할 것 같았어요. 못 배운 아이처럼 인식될까 봐 과하게 '감사합니다, 죄송합니다.'라고 했어요. 영혼 없이 습관화된 부분들이 있어요. 원에서 살 때도 후원받아 살다 보니까 억지로 감사 편지쓰기 같은 것을 해서 DNA에 박혀있는 것 같아요. 사람들에게 잘 보여야 하고, 예의 바르게 행동해야 하고, 젓가락질 잘하고, 감사하다고 말하고..."

"부모님이 안 계시니까 다 떠나겠지? 부모님이 안 계시니까 남자친구도 떠나겠지? 남자친구에게 기댈 수 있지만, 한계가 있어요. 언젠가 부모가 없다는 얘기를 들으면 떠나겠지. 성인이 돼서 동성 친구들도 내가 부모가 없다는 걸 알게 되면서 손절하려고 했다라고 이야기하곤 했어요."

"나의 진짜 이야기를 알면 사람들이 나를 떠날 거 같다라는 생각을 했어요. 요즘은 나의 이야기를 들으면 '대단하다'라고 말씀해주시는 분들도 있어요. 그래서 꿋꿋이 살아보자 라는 마음이 들어요. 하지만 갈등이 생기면 이 약점이 언급돼요. 사람들에게 잘 보여야 한다는 강박이 있어요. 뒷배가 없으니까 잘 보여서 미움받지 말아야겠다, 내가 스스로 잘 해야겠다, 남들 시선에 사로잡히지 말고 나 스스로 열심히 해야겠다 라는 생각을 해요. 도움 받을 건 받고, 상대가 안 된다고 하면 뒤로 한 발짝 물러나고요"

"눈치를 많이 보는 편이예요. 어딜 가도 어른들이 있는 자리에서는 극도로 그래요. 사람들에게 잘 보여야겠다는 생각이 생긴 듯해요. 새엄마가 자꾸 바뀌기도 했고, 많이 혼나고, 보육원에 들어와서도 형들에게 많이 맞기도 하고, 선생님들이 막아주지 못하시기도 했고, 그런 경험들이 내가 주변 사람들의 눈치를 많이 보게 되는 영향인 것 같아요. 긴장하고 애써 웃고..."

"아빠는 내게 해가 될 사람이에요. 형 명의를 빌려 가서 형이 신용불량자가 되었어요. 심근경색으로 쓰러진 아빠를 보러 가면서 '왜 이런 모습을 나에게 보여주지?'라는 생각을 했어요. 아버지가 돌아가시는 상상을 많이 했어요. 실제 보니까 기분이 묘했어요. 돌아가실 때가 되어서야 연락을 하지 않을까 싶어요."

"누구한테도 나를 드러낼 수는 없구나. 이 세상에서 나에 대해 잘 알고 있는 사람이 없는 것 같아요. 자기 스스로 자신을 모를 때 자기를 봐주는 사람의 시선으로 나를 알게 되는데 나를 잘 모르는 것 같아요. 그래서 나를 잘 드러낼 수 없는 것 같아요. 연애할 때 많이 드러낸 적은 있으나 끝까지는 다 못 드러냈어요. 좋은 점만 보여주고 싶은 것 같아요. 나의 안 좋은 점을 알게 되면..."

"보육원 밖에서 거짓말을 많이 해야 했기 때문에 나의 모습을 잃어버린 것 같아요. 시설 안에서는 좋은 모습을 보이고 공부해서 칭찬을 받는 것을 선택해서 그 안에서 살아남았던 것 같아요. 잘 보이기 위해서 노력해야 했고, 학교생활에서는 들키지 않아야 했고요"

6) 부모 상실로 인해 현재 겪고 있는 어려움

부모님이 계시지 않다 보니 자립하는 과정에서 물어볼 사람이 없어 힘듦을 경험하게 됩니다. 그리고 혼자이기 때문에 겪게 되는 명절 때의 외로움, 부모님이 계시지 않다는 이유로 헤어지게 되거나 결혼할 때 겪게 될 난처함 등을 이야기했습니다.

"부모님이 안 계셔서 자립도 처음, 집을 구하는 것도 처음, 물어볼 수 있는 사람이 없다는 것이 불편했어요. 지금 삶에서 부모가 없음은 불편하지 않지만 부모님을 잘 모르니까 내가 가지고 있는 유전병 같은 것은 없을까 하는 고민도 있어요. 명절에 갈 수 있는 곳도 없고 그럴 때 불편해요."

"부모가 없다는 것 자체가 남들이 다 있는 것이 없다는 것. 원형이 없다는 것이 큰 부분인 것 같아요. 혼자 자립을 해야 한다는 정체성은 계속 가져가야 하는 부분이에요. 가족의 형태를 경험한 적이 없다는 어려움은 삶에서 계속 마주해야 하는 어려움일 것 같아요. 애초에 상실되었었던, 경험하지 못한 부모는 지속될 거예요. 부모가 아니더라도 지지할 수 있는 관계가 있으면 낫겠지만, 어느 나라에도 소속되지 못하는 입양아랑 같을 것 같아요. 명절, 추석 같은 때, 결혼할 때 부모가 없다는 것, 외할머니가 없다는 부분을 어떻게 할 수 있을까? 부모상실로부터 오는 큰 부분이에요."

"연애를 하면 남친 부모님이 '부모 없는 애를 왜 만나니' 라고 얘기하세요. 그래서 헤어지게 됐어요."

"성인이 되고 나서 부모님 보고 싶은 시기가 더 많이 오는 것 같아요. 어버이날이 되면 방에서 울어요. '우리 엄마, 아빠는 왜 나를 안 찾으러 와' 배신감은 들지만, 원망은 하지 않아요. 명절에 혼자 보내니까 늘 외로워요."

7) 부모에게 물려받은 유산 중 간직하고 싶은 것, 물려주고 싶지 않은 것

외모나 목소리 등 외적인 부분과 선함, 예민함, 섬세함 등 성격적인 부분을 간직하고 싶어 했고, 물려주고 싶지 않은 것은 아이를 버리는 것, 외로움, 가난, 부모의 부재, 보육원에서 이해받지 못했던 것이었습니다.

"부모를 만나지 않았지만, 성격적인 부분, 생김새는 부모에게서 온 것이니까요. 목소리가 매력있다고 생각해요. 물려주고 싶지 않은 것은 나도 내 아이를 버리게 될까 하는 걱정이예요. 친구들도 다 걱정해요. 물려주고 싶지 않고 경계해야 하는 부분이에요. 가정환경이 대물림된다는 이야기를 들으면 두려움이 있어요. 보육원에 다시 맡기는 선배들도 있어요. 나는 정신 차리고 살아야겠다라고 생각해요. 아이를 낳아본 언니들은 부모를 더 원망하게 된다고 해요. '이렇게 사랑스러운 아이를 왜 버렸을까...' "

"외모 중에는 눈이 큰 유전자를 남겨주셔서 감사해요. 결혼하면 자식을 안 낳고 싶어요. 내 외로움을 안 물려주고 싶어요. 그 아픔을 안 물려주고 싶어요."

"아버지는 착하면서 멍청하세요. 배우셨으면 선하시고 좋은 사람이 됐을 것 같아요. 이런 선함을 간직하고 싶어요. 부모의 부재, 가난은 물려주고 싶지 않아요."

"간직하고 싶은 것은 예민한 성격이예요. 감정적인 부분에서 타인을 더 섬세하게 살펴주고 리액션도 해주고 소외되는 사람들이 없게 맘을 써주는 강점이 있어요. 물려주고 싶지 않은 것은 게으르고 우유부단하고, 창의성이 부족한 측면, 인내심이 부족한 측면이예요. 어릴 때 내 모습 그대로 이해받는 경험이 있었으면 얼마나 좋았을까 라는 생각이 있어요. 아무래도 시설에서는 '안 돼' 라는 말을 많이 들었어요. 이런 것들을 물려주고 싶지 않아요."

8) 지금까지 살아오게 한 나의 힘

자립 청년들에게는 자신을 둘러싸고 있는 사회적 지지자원이 힘이 되었고, 어려움을 극복한 사람들의 이야기가 모델링이 되었던 것 같습니다. 긍정적으로 살려고 하고, 나누는 삶을 살려고 하고, 어려운 문제를 만나도 풀어보려고 하는 삶의 태도들이 힘이 되는 것 같습니다.

"나에게 힘은 없고 운이 좋았어요."

"좋은 사람들이 옆에 있었어요. 좋은 사람들이 옆에 있었던 것이 저의 힘이에요."

"긍정적인 힘이 있어요. 힘들다고 자책하며 살았지만, 성인이 됐고 남에게 부정적으로 안 비치고 싶어서 긍정적으로 살려고 해요. 힘든 상황을 빨리 빨리 대처할 수 있어요. 어렸을 때는 어두운 아이였는데, 밝은 사람으로 비치고 싶어서 웃는 연습을 많이 해요."

"예전에는 무기력하게 인생 흘러가는 데로 살았는데 지금 생각해도 힘은 별로 없다고 생각해요. 그렇지만 마음은 성실하게 살고, 정직하게 사람을 대하고, 단정하고, 바르고, 착하게 선하게 살고 싶어요. 있으면 나눠주려고 해요. 나눌 수 있는 힘이 있다고 생각해요."

"어렸을 때부터 책을 많이 읽고 신문도 많이 봤어요. '내가 하던 일을 꾸준히 하다 보니까 여기까지 온 것 같다.'라는 이야기를 읽으면서 '나도 되지 않을까'라는 생각이 들었어요."

"학업을 성실히 했었는데, 어려운 문제를 만났을 때 시간을 가지고 풀어보자는 근성이 있었어요."

"자기 객관화를 잘하는 편이라는 이야기를 많이 들어요. 더 좋은 사람이 되려고 노력하는 편이에요. 스스로 부족한 부분이 있으면 빨리 인정하고 다음 단계로 넘어가려고 노력해요."

9) 더 하고 싶은 이야기들

"최근 들어서는 이혼, 방임, 폭력으로 보육원에 오는 아이들이 많아서 원가족이 있는 아이들이 많아요. 퇴소한 후 원가족이 힘들게 하는 경우가 많아요. 무리하게 돈을 빌려준다거나 명의도용을 한다거나, 이런 것을 어떻게 대처해야 할지는 자립에 엄청 중요한 부분이에요. 어떻게 원가족과의 관계를 맺어야 할지에 대한 교육이 필요해요. 펼쳐놓고 논의하고 이야기하는 부분들이 필요해요. 관계 회복에만 초점을 맞출 것이 아니라, 경계에 대한 부분 역시 필요하다고 생각해요. 진짜 부모가 사기를 많이 치고 돈을 많이 뜯어가요. 이런 교육은 초등 고학년때부터 필요하다고 생각해요. 출생의 비밀처럼 터부시하지 말고요."

에필로그

　아동양육시설 실무자 선생님들께 실제적인 도움이 되는 가이드북을 만들고자 양육의 지혜팀을 결성하고 3년간 3권의 책을 내자고 이야기한 때가 벌써 3년 전입니다. 첫해 실무자 선생님들께 아이들을 키우시며 어떤 부분이 제일 힘드시냐는 질문을 드렸고, 공격적 행동과 반항도 어렵지만, 일상에서의 꾸물거림이 매일 부딪치는 일이라 이에 대한 실제적 가이드가 나왔으면 좋겠다는 응답을 받았습니다. 그래서 아이들의 기질에 따른 양육방식(식사시간, 오전기상, 학습시간, 약속시간, 집단에서의 대처)과 집단문제예방에 관한 내용이 담긴 「초등학생의 꾸물거림에 대하여」 책과 영상이 2021년 세상에 나왔고, 각 양육시설에 발송되었으며 온라인 교육과 집단상담이 이어졌습니다.

　선생님들의 이야기를 더 가까이서 듣게 되면서 아이들에게 어떻게 구체적으로 말하고 다가가야 할까를 고민하신다는 것을 알게 되어서 2022년에는 의사소통과 보상에 관한 가이드북 「말하기와 보상」 책과 영상을 만들었습니다. 이후 온라인 교육에 300분이 신청하셔서 집필진 모두가 놀랐지요. 그만큼 현장의 필요가 컸다는 의미이기도 할테고, 양육의 지혜팀을 신뢰해주신다고 느껴져 참 감사했습니다.

첫해부터 고민해왔던 주제이고 가장 어렵다고 생각했던 '아동의 ADHD, 경계선 지능, 상실과 애도'의 주제를 마지막 책에서 다루게 되었습니다. 한 주제 한 주제 무겁고 각각 하나의 책으로 나와도 될만한 깊이 있는 주제지만, 선생님들이 읽고 양육에 적용하실 수 있게 쓰려고 고민을 많이 했습니다. 특별히 상실과 애도는 판도라의 상자와 같이 건드리기 어려운 부분이었는데요. 이번 책에서는 상실과 애도에 관한 전반적 이해를 다루었다면, 이후로는 더욱 구체적이고 현실적인 가이드가 나와야 한다는 생각이 들었습니다. 시간적 한계로 거기까지는 다루지 못한 부분이 아쉽고 이 연구가 좀 더 이루어지면 좋겠다는 생각이 듭니다.

　　첫 번째 책과 영상 제작을 지원해주신 월드비전 국내사업본부, 두 번째, 세 번째 책과 영상 제작을 지원해주신 한국아동복지협회, 3년간 책과 영상을 만들어 주신 출판사 리얼러닝에 감사드립니다. 무엇보다 현장에서 아이들을 품고, 더 잘 지도하고자 애쓰시는 원장님, 선생님들께 깊은 존경과 감사를 드립니다.

양육의 지혜팀 드림

참고문헌

〈1장〉

- 권효정(2005). 아동이 지각한 학대 경험과 자기조절능력 및 분노 표현과의 관계. 숙명여자대학교 석사학위논문.
- 김보람, 이경숙, 박진아, 이지성(2008). 시설보호아동의 인성과 정서 및 행동문제: 성차를 중심으로. 한국심리학회: 여성, 13(1), 43-61.
- Carey, L. (2003). Expressive and Creative Arts Methods for Trauma Survivors. London and Philadelphia: Jessica Kingsley Publishers.
- IJzendoom, M. H., Luijik, M. P. C. M., & Juffer, F. (2008). IQ of Children Growing Up in Children's Homes: A Meta-Analysis on IQ Delays in Orphanages. Merrill-Palmer Quartely, 54(3), 341-366.
- Siegel, D. (1999). The Developing Mind: Toward a Neurobiology of terpersonal Experience. New York: Guilford Press.

〈2장〉

- 집필 APA / 대표 역자 권준수. 〈DSM-5 정신질환의 진단 및 통계 편람 제5판〉. 학지사, 2016
- 김유숙, 박진희, 최지원. 〈ADHD 아동〉. 이너북스. 2014

〈3장〉

- 박찬선, 장세희. 〈경계선 지능을 가진 아이들〉, 이담북스, 2020.
- 바인랜드 사회성숙척도 (Social Maturity Scale)

〈4장〉

- 김유숙·유승림, 〈상실의 문제를 가진 아동·청소년〉, 이너북스, 2022
- Margot Sunderland, 〈상실을 경험한 아동을 도우려면〉, Helping children with loss. (이재훈 외 역), 한국심리치료연구소, 2007.
- John W. James and Russell Friedman, 〈우리 아이가 슬퍼할 때〉, When Children Grieve. (홍현숙 역), 북하우스, 2004.
- Holmes, J, 〈존 볼비와 애착이론〉, John Bowlby & attachment theory. (이경숙 역), 학지사, 2005.

아동양육시설 실무자를 위한 양육가이드북 3

아동의 ADHD, 경계선 지능, 상실과 애도

초판 1쇄 인쇄   2023년 12월 25일
초판 1쇄 발행   2023년 12월 25일
지은이   정은진, 최은정, 서유지, 김경미, 박지영
감수   박명희
발행인   정강욱, 이연임
편집   백예인
일러스트   김재환
표지 디자인   최동인
내지 디자인   최동인
출판   리얼러닝
주소   경기도 파주시 탄현면 고추잠자리길 60
전화   02-337-0333
이메일   withreallearning@gmail.com
출판등록   제 406-2020-000085호
ISBN   979-11-984424-2-0